劳动纠纷法律常识一本全

罗观棋 著

中国友谊出版公司

图书在版编目（CIP）数据

劳动纠纷法律常识一本全 / 罗观棋著 . -- 北京 : 中国友谊出版公司, 2025. 8. -- ISBN 978-7-5057-6131-5

Ⅰ. D922.591

中国国家版本馆 CIP 数据核字第 2025CT6104 号

书名 劳动纠纷法律常识一本全
作者 罗观棋
出版 中国友谊出版公司
发行 中国友谊出版公司
经销 新华书店
印刷 易阳印刷河北有限公司
规格 670 毫米×950 毫米 16 开
12 印张 118 千字
版次 2025 年 8 月第 1 版
印次 2025 年 8 月第 1 次印刷
书号 ISBN 978-7-5057-6131-5
定价 49.80 元
地址 北京市朝阳区西坝河南里 17 号楼
邮编 100028
电话 （010）64678009

前言

PREFACE

在当代社会经济结构中，劳动者作为市场经济活动的重要组成部分，其合法权益的有效保护对于促进社会稳定与发展具有积极的作用。然而，由于信息不对称、法律意识淡薄以及对司法程序的误解等因素，部分劳动者在权益受到损害时，往往未能及时、有效地通过法律途径解决，导致个人权益遭受侵害的现象时有发生。

在实际工作中，许多劳动者往往处于相对弱势的地位。一方面，他们可能因为对相关法律法规缺乏了解而不知如何维护自己的合法权益；另一方面，出于对烦琐程序的畏惧或是对冲突的本能回避，许多人即使意识到自己的合法权益受损，也会选择默默忍受，而非采取行动来维护。这种现象在当今社会并不少见，它不仅影响了劳动者的职业发展和个人福祉，也间接损害了社会公平与正义。

本书正是为了改变这一现状而创作的。我深知，许多劳动者之所以在面对劳动争议时感到无助，很大程度上是因为信息不对称。因此，本书致力于以通俗易懂的语言，系统地介绍劳动者在职场中可能遇到的各种法律问题及解决方案。从入职时的合同签订到离职后的经济补偿，从日常的加班费到特殊时期的权益保障，本书都进行了详细的解析，并配以实际案例，帮助读者更好地理解和运用相关法律知识。

同时，本书还特别强调了证据收集的重要性，通过实例说明，即使是看似复杂的证据材料准备工作，只要方法得当，也可以轻松完成。希望大家通过本书可以知道，维护我们的合法权益并非难事，关键在于掌握正确的知识和方法。在中国，尽管传统文化中有“息事宁人”的倾向，但随着法治社会建设的不断推进，越来越多的人开始认识到，合理运用法律手段解决问题不仅是保护自己的一种方式，还是推动社会进步的力量。

P R E F A C E

《劳动纠纷法律常识一本全》不仅仅是一本法律书籍，更是一本引导劳动者勇敢地为自己发声的手册。书中不仅列出了必要的法律常识，还详细介绍了劳动仲裁乃至诉讼的过程，旨在为每一位劳动者提供全方位的维护自己权益的指导和支持。我希望，通过本书的传播，能够让更多人在工作中遭遇不公时不再选择沉默，而是学会运用法律武器，捍卫自己的尊严与权利。让我们一起努力，为自己创造一个更加公正、和谐的工作环境。

目录

CONTENTS

第一章 入职篇 劳动合同里的这些“坑”，你掉进去过吗

第二章 日常工作篇
加班到天亮，该向谁说“不”

第三章 特殊群体保护篇
怀孕、病假、工伤时的合法权益维护

第四章 离职篇 好聚好散，拒绝“撕破脸”

第五章 权益保护篇 遭遇不公，该怎样“披荆斩棘”

第一章

入职篇

劳动合同里的这些“坑”，你掉进去过吗

入职时，用人单位不和劳动者签订劳动合同怎么办

苏雨是一位满怀憧憬的年轻人，毕业后便加入一家初创科技公司。初入职场的他对这份工作充满热情，每天早早来到公司，深夜才离开，他希望能通过自己的努力在公司站稳脚跟。然而，让他未料到的是，他已经工作了一整年，公司却始终没有与他签订正式的劳动合同。

起初，苏雨以为这是因为公司行政人员事务繁忙所致，便耐心等待。可是，每当他提起签订合同的事情，得到的总是诸如“公司正忙于项目，稍后再议”“你做得很好，肯定会签合同的”之类的回答。时间在推移，合同却始终没有签订。

当苏雨埋头沉浸在忙碌的工作中时，公司却遭遇了前所未有的经营危机。为了削减成本，公司不得不大规模裁员。苏雨的

名字赫然出现在裁员名单中，备注是“非正式员工”。面对突如其来的打击，苏雨既震惊，又茫然，不知所措。

令人遗憾的是，苏雨的遭遇并非个例。在现实中，有一些用人单位出于各种考量，选择不与劳动者签订劳动合同，特别是当用人单位面临经济压力或经营决策发生变动时，用人单位口中的“非正式员工”往往首当其冲，成为牺牲品。

上述案例中用人单位的做法严重损害了劳动者的合法权益。你应当谨记一点，那就是：即便用人单位和劳动者没有签订正式的书面劳动合同，但只要存在事实上的劳动关系，劳动者的合法权益就受法律保护。《中华人民共和国劳动法》（以下简称《劳动法》）以及《中华人民共和国劳动合同法》（以下简称《劳动合同法》），分别规定：建立劳动关系应当订立劳动合同；用人单位自用工之日起即与劳动者建立劳动关系。这意味着，即使是像苏雨这样没有劳动合同在手的员工，其和用人单位之间的劳动关系也依然受法律保护。

相关法律对劳动者未签订劳动合同的情况提供了明确的保障和处理机制。

1. 事实劳动关系认定

即使劳动者和用人单位没有签订书面的劳动合同，但只要劳动者为用人单位提供了劳动，接受了用人单位的管理，遵循了用人单位的规章制度，且用人单位支付了劳动报酬，就可以认定双方存在事实上的劳动关系。

认定双方存在事实上的劳动关系主要依据有以下几个方面。

（1）主体的合法性：劳动力提供者有劳动权利能力和劳动行为能力；用人单位具备合法的用人资格。

（2）劳动行为的发生：劳动关系的核心是劳动行为，即劳动者实际为用人单位提供了劳动。

（3）从属关系的形成：劳动者在一定时间和空间内服从用人单位的管理和指示，接受用人单位的劳动分工和工作安排，遵守规章制度，服从劳动纪律。劳动者从用人单位获取劳动报酬和其他福利待遇。

（4）默认的意思表示：双方存在一种默认的合意，可能是通过口头协议形成的，也可能是通过行为默认形成的。这种合意表明双方有意建立一种类似于合同的关系，即便没有书面合同。

（5）欠缺法定的形式要件：即使双方没有正式的书面合同，但只要满足上述几个条件，就可以认定双方存在事实劳动关系。

在具体实践中，认定事实劳动关系还需要考虑以下证据：

（1）工资支付凭证或记录；

（2）缴纳社会保险费的记录；

（3）工作证、服务证等能证明劳动者身份的证件；

（4）考勤记录；

（5）其他劳动者的证言；

（6）任何能证明劳动者在该用人单位工作的直接或间接证据。

2. 双倍工资补偿

《劳动合同法》规定，用人单位自用工之日起超过一个月不满一年未与劳动者订立书面劳动合同的，应当向劳动者每月支付二倍的工资。这意味着从在用人单位开始工作的第二个月开始计算，只要用人单位未与劳动者签订劳动合同，劳动者就有权获得相当于正常工资二倍的薪酬。

3. 视为无固定期限劳动合同

《劳动合同法》规定，用人单位自用工之日起满一年不与劳动者订立书面劳动合同的，视为用人单位与劳动者已订立无固定期限劳动合同。

无固定期限劳动合同，也被称为不定期劳动合同或永久性合同，是一种没有设定明确结束日期的雇佣合同。普通的劳动合同可能一年一签或三年一签，但无固定期限劳动合同没有结束日期，这意味着雇主和雇员之间的劳动关系在理论上可以无限期持续，直到其中一方决定终止合同为止。

在无固定期限劳动合同下，员工通常享有更高的工作保障，除非员工违反了合同条款、用人单位政策，或者因经济原因（如企业重组、裁员等）或组织需要，否则雇主不能随意解雇员工。同样地，员工如果想要离职，通常也需要提前通知雇主。

4. 经济补偿

如果劳动者因用人单位未与其签订劳动合同而提出离职，用人单位需按照《劳动合同法》的规定向其支付经济补偿。

5. 仲裁时效与诉讼权利

劳动仲裁是一种法定的争议解决机制，专门用于处理雇主与员工之间的劳动争议。当双方在劳动合同、薪酬、工作条件、解雇事宜等方面出现分歧且无法自行协商解决时，可以向劳动争议仲裁机构申请仲裁。这一过程由专业的仲裁员主持，他们会听取双方的意见，审查相关证据，并最终做出具有法律约束力的裁决。

仲裁庭的仲裁结果，即仲裁裁决，通常具有终局性和强制执行效力。一旦裁决被做出，并且任何一方没有在规定时间内提起上诉或异议，它就成为具有法律约束力的裁定，双方当事人必须遵照执行。

如果当事人拒不执行仲裁裁决，受损害的一方可以向法院申请强制执行仲裁裁决。法院有权采取措施，如查封被执行人的财产、冻结其银行账户、拍卖其资产等，以确保裁决得到执行。

但是，当事人要了解仲裁时效。仲裁时效是指当事人向仲裁机构请求保护其权利的法定期限。在此期限内，当事人有权提出仲裁申请，要求解决争议。一旦这个期限届满，当事人就丧失了通过仲裁途径解决特定争议的权利。仲裁时效的设定旨在促使争议及时解决，避免争议长期搁置，既影响社会经济秩序，也影响个人权益。

通俗地说，仲裁时效就是解决事情的时间在倒计时，当劳动者与用人单位出现劳动争议时，法律规定劳动者必须在倒计时结束前申请仲裁，否则劳动者就失去了让仲裁机构帮忙解决这个问题的机会。这个时间限制是为了鼓励劳动者尽快解决问题，不让事情拖太久。一旦过了这个时间，劳动者就无法通过仲裁来解决争议了。

对于未签订劳动合同，要求用人单位赔偿双倍工资这件事，仲裁时效为一年，从劳动者知道或者应当知道自己的权利被侵害之日起计算。所以，如果你要申请劳动仲裁，就一定要注意这个时间节点。

6. 劳动监察与投诉渠道

劳动者可以向当地的劳动监察大队投诉，要求对用人单位的违法行为进行查处。劳动监察机构有权对用人单位进行调查，并责令其改正违法行为，必要时可以对用人单位处以罚款。

苏雨的故事提醒我们，在工作中应增强自我保护意识，了解和维护自己的合法权益。同时，也呼吁用人单位要遵守法律法规，诚信经营，为构建和谐稳定的劳动关系贡献力量。在职场的道路上，只有当每一位劳动者都被公平对待，整个社会才能朝着更加健康、可持续的方向发展。

相关法条

《劳动合同法》第七条　用人单位自用工之日起即与劳动者建立劳动关系。用人单位应当建立职工名册备查。

第十条　建立劳动关系，应当订立书面劳动合同。

已建立劳动关系，未同时订立书面劳动合同的，应当自用工之日起一个月内订立书面劳动合同。

用人单位与劳动者在用工前订立劳动合同的，劳动关系自用工之日起建立。

第十四条　无固定期限劳动合同，是指用人单位与劳动者约定无确定终止时间的劳动合同。

用人单位与劳动者协商一致，可以订立无固定期限劳动合同。有下列情形之一，劳动者提出或者同意续订、订立劳动合同的，除劳动者提出订立固定期限劳动合同外，应当订立无固定期限劳动合同：

（一）劳动者在该用人单位连续工作满十年的；

（二）用人单位初次实行劳动合同制度或者国有企业改制重新订立劳动合同时，劳动者在该用人单位连续工作满十年且距法定退休年龄不足十年的；

（三）连续订立二次固定期限劳动合同，且劳动者没有本法第三十九条和第四十条第一项、第二项规定的情形，续订劳动合同的。

用人单位自用工之日起满一年不与劳动者订立书面劳动合同的，视为用人单位与劳动者已订立无固定期限劳动合同。

第八十二条　用人单位自用工之日起超过一个月不满一年未与劳动者订立书面劳动合同的，应当向劳动者每月支付二倍的工资。

《劳动法》第九十八条　用人单位违反本法规定的条件解除劳动合同或者故意拖延不订立劳动合同的，由劳动行政部门责令改正；对劳动者造成损害的，应当承担赔偿责任。

《中华人民共和国劳动合同法实施条例》第六条　用人单位自用工之日起超过一个月不满一年未与劳动者订立书面劳动合同的，应当依照劳动合同法第八十二条的规定向劳动者每月支付两倍的工资，并与劳动者补订书面劳动合同；劳动者不与用人单位订立书面劳动合同的，用人单位应当书面通知劳动者终止劳动关系，并依照劳动合同法第四十七条的规定支付经济补偿。

前款规定的用人单位向劳动者每月支付两倍工资的起算时间为用工之日起满一个月的次日，截止时间为补订书面劳动合同的前一日。

《关于确立劳动关系有关事项的通知》（节选）：

一、用人单位招用劳动者未订立书面劳动合同，但同时具备下列情形的，劳动关系成立。

（一）用人单位和劳动者符合法律、法规规定的主体资格；

（二）用人单位依法制定的各项劳动规章制度适用于劳动者，劳动者受用人单位的劳动管理，从事用人单位安排的有报酬的劳动；

（三）劳动者提供的劳动是用人单位业务的组成部分。

二、用人单位未与劳动者签订劳动合同，认定双方存在劳动关系时可参照下列凭证：

（一）工资支付凭证或记录（职工工资发放花名册）、缴纳各项社会保险费的记录；

（二）用人单位向劳动者发放的“工作证”、“服务证”等能够证明身份的证件；

（三）劳动者填写的用人单位招工招聘“登记表”、“报名表”等招用记录；

（四）考勤记录；

（五）其他劳动者的证言等。

其中，（一）、（三）、（四）项的有关凭证由用人单位负举证责任。

劳动合同条款那么多，哪些可能存在真正的雷区

你步入社会，参加工作时，要做的第一件事就是和用人单位签订劳动合同。这是法律赋予你的权利。劳动合同是确立劳动者与用人单位之间的劳动关系的法律形式，它不仅是对双方权利和义务的明确规定，还是《劳动法》和相关法律法规具体实施的个性化体现。劳动合同通过约定员工的工作职责、薪酬待遇、工作时长、休息休假、职业发展、保密义务及违约责任等内容，为劳动者构建了清晰的工作预期与法律保障框架。

然而不幸的是，一些不良用人单位利用信息不对称或法律条款的复杂性，在劳动合同中设置一些隐蔽的、看似寻常实则是陷阱和雷区的条款，它们可能严重侵害员工的合法权益。例如，模糊的工作职责界定、不合理的竞业禁止条款、过度的加

班安排且默认劳动者同意，以及对薪酬调整和福利待遇的含糊说明等，都是常见的方式。这些雷区不仅破坏劳动关系双方的信任基础，还挑战了法律法规的边界。所以，每一位求职者和在职员工，在签署劳动合同前务必要仔细审阅，必要时应寻求专业人士的帮助，以确保自己的合法权益不受侵害。

那么，有些用人单位在劳动合同方面常设置的雷区有哪些呢？

雷区一：职位描述模糊不清

小李加入一家互联网公司时，人力资源部门的人员笑眯眯地告诉他：“你的职位是营销专员，主要负责产品的推广活动。”这个职位描述听起来挺明确，对吧？结果，小李上班后才发现，自己是“全能选手”，从策划活动到设计海报，再到对接客户，无所不做。小李苦笑：“这哪里是营销专员，简直是万能胶啊！”

排雷秘籍

你在和用人单位签订劳动合同前，一定要让用人单位在合同中把职位描述写得尽可能详细，包括日常职责、工作内容，甚至使用的工具软件等，避免模棱两可的描述。一旦你需要承担新的工作职责，最好请用人单位出具书面确认，避免口头承诺产生不确定性。

雷区二：加班文化的“温柔陷阱”

小凡就职于一家电商直播公司，公司奉行“狼性文化”，要求员工一周工作70小时，合同里却没提加班费。小凡算了算自己的工作时长，发现自己一个月内加班将近60个小时。按国家的有关规定，加班的报酬应该是工资的1.5倍，但是公司并没有付给自己加班费，这样相当于自己白白丢钱啊！

排雷秘籍

你在和用人单位签合同时，应请用人单位将加班政策和加班费的计算方式在合同中写清楚。除非用人单位实施综合计算工时工作制，不然，按照《劳动法》规定，安排劳动者延长工作时间的，支付不低于工资的百分之一百五十的工资报酬；休息日安排劳动者工作又不能安排补休的，支付不低于工资的百分之二百的工资报酬；法定休假日安排劳动者工作的，支付不低于工资的百分之三百的工资报酬。你应当清楚并维护自己的合法权益，拒绝无原则的“无偿奉献”。

雷区三：“长期实习”的试用期

小王入职了一家漫画公司，签订劳动合同已经几个月了。某天，小王和朋友见面聊天后才知道：自己的劳动合同中写的试用期是9个月，比有关法律规定的最长时间多了3个月，而且，自己的试用期工资只有转正后工资的60%，而相关法律规定，试用期工资至少应为转正后工资的80%。这下，小王可不想再做“廉价劳动力”了。

排雷秘籍

你在签劳动合同前，应当对相关规定做一些了解，比如：3年以上固定期限的劳动合同，试用期不得超过6个月；试用期工资不得低于转正后工资的80%；等等。签订劳动合同前，一定要核实与自己的合法权益相关的细节。

雷区四：薪酬福利的空头支票

小赵面试时，人力资源部门的人口头承诺年底有双薪和奖金。可是，到了年底，人力资源部门的人口中的奖金变成了“公司发展基金”，根本拿不到手，要等公司盈利后才有可能进行分配。小赵这才意识到，空头支票真不靠谱，一切得写在纸上！

排雷秘籍

口头承诺远不如白纸黑字靠谱。任何关于薪酬、奖金、福利的承诺，都应该明确落实在合同中。别怕麻烦，书面承诺才能在关键时刻保护自己。下面这些情况常在日常工作中遇到：老板喝醉了，拍着你的肩膀向你承诺年底给你不菲的分红；老板对你说你的业务如果完成得好，工资就能再涨几千元；等等。如果你看中老板的这些承诺，并且愿意为此而付出努力，那么，老板一旦说出口，你就要第一时间请他落实在合同里，不要犹豫！

雷区五：培训费与服务期绑定的双刃剑

小陈在工作期间参加了一个高级技术培训，公司为此支付了20 000元培训费。小陈在劳动合同未到期前提出离职，公司要求小陈全额返还上述20 000元的培训费。究其原因，是小陈入职时和公司签订的劳动合同中隐藏着“服务期绑定”的相关条款——公司为小陈支付相关培训费的前提是小陈必须在公司工作满3年。若3年之内，小陈主动离职，那么他就需要全额返还公司为他支付的培训费。当初小陈签订劳动合同时，并没有仔细看相关条款。公司要求他返还培训费时，他才明白“天上不会掉馅饼”。

排雷秘籍

你在职期间参与培训前，要详细了解培训协议条款，特别是和费用分担、服务年限等相关的要求。

雷区六：合同解除的“突袭”

认真工作的小刘突然接到公司人力资源部门发来的裁员通知，通知说因为公司业务调整，小刘需要另谋高就，公司愿意支付相当于小刘1个月薪资的经济补偿金。小刘对此很不满意，他查阅相关规定后得知，自己已经在这家公司工作三年半了，按照法律规定，他的经济补偿金数额应该相当于他4个月的薪资。但是，在公司和小刘当初签订的劳动合同里，关于合同解除的条款，公司都做了统一描述：“我司若因业务变动或利润下降等原因需要裁员，需支付员工一定数额的经济补偿金，以1个月工资为限”。小刘这才意识到劳动合同中关于合同解除条款的重要性。

排雷秘籍

你签订劳动合同时，应确认合同中是否明确了合同解除条件、补偿标准和程序等。如果遇到和小刘相似的情况，不要慌张，应该让用人单位提供详细的解除理由和补偿方案，必要时咨询专业人士，确保自己的合法权益不受侵害。

在了解以上六大“雷区”后，你还要注意以下几点：

（1）细读合同，不留盲点：读合同时，要对每一项条款进行仔细确认，不明之处请用人单位解释清楚；

（2）书面记录为王：对于你认为有空头支票嫌疑的口头承诺或工作调整，都要请用人单位进行书面确认，并保留好相关文件；

（3）熟知法规，依法维权：了解并掌握与劳动相关的法律法规，为自己的合法权益保驾护航；

（4）积极沟通，适时求助：遇到问题时先在用人单位内部进行沟通和解决，必要时咨询专业人士或求助于劳动监察部门。

看到这里，你是不是觉得劳动合同的“坑”也没那么可怕了？以后，你拿起劳动合同时，要多问自己几个“为什么”，多查几个“怎么样”。愿你的职场征途一帆风顺！

相关法条

《劳动合同法》第八条　用人单位招用劳动者时，应当如实告知劳动者工作内容、工作条件、工作地点、职业危害、安全生产状况、劳动报酬，以及劳动者要求了解的其他情况；用人单位有权了解劳动者与劳动合同直接相关的基本情况，劳动者应当如实说明。

第二十条 劳动者在试用期的工资不得低于本单位相同岗位最低档工资或者劳动合同约定工资的百分之八十，并不得低于用人单位所在地的最低工资标准。

第四十七条第一款 经济补偿按劳动者在本单位工作的年限，每满一年支付一个月工资的标准向劳动者支付。六个月以上不满一年的，按一年计算；不满六个月的，向劳动者支付半个月工资的经济补偿。

《劳动法》第三十六条 国家实行劳动者每日工作时间不超过八小时、平均每周工作时间不超过四十四小时的工时制度。

第四十四条 有下列情形之一的，用人单位应当按照下列标准支付高于劳动者正常工作时间工资的工资报酬：

（一）安排劳动者延长工作时间的，支付不低于工资的百分之一百五十的工资报酬；

（二）休息日安排劳动者工作又不能安排补休的，支付不低于工资的百分之二百的工资报酬；

（三）法定休假日安排劳动者工作的，支付不低于工资的百分之三百的工资报酬。

用人单位拒绝为劳动者缴纳社会保险，这合法吗

小方满心欢喜地入职了一家新公司，入职前谈好的工资是10 000元，这让他对工作充满了动力，对生活充满了憧憬。

结果刚入职不久，人力资源部门的同事就拿着一份合同找到小方，满脸堆笑地说："小方啊，是这样的，公司有个特别的安排。你看这五险一金，缴纳起来手续烦琐，对你来说呢，到手的钱也会少一大截。公司为你着想，如果你签了这份放弃五险一金的承诺书，公司会把原本要交五险一金的钱直接补给你，这样你每个月差不多就能拿到实实在在的10 000元工资了。"

听到这个消息，小方感到非常开心，毕竟如果公司为他缴纳五险一金，他每月能拿到的工资不到8 000元，而现在他能拿到近

10 000元呢！每个月手中多了2 000多元，感觉可是不一样的！

我们来分析分析，小方的做法可取吗？

我们来了解什么是五险一金。“五险一金”是指用人单位给予劳动者的几种保障性待遇的合称。

一、“五险”部分

1. 养老保险

养老保险是为保障劳动者在达到国家规定的解除劳动义务的劳动年龄界限，或因年老丧失劳动能力退出劳动岗位后的基本生活而建立的一种社会保险制度。

职工基本养老保险费是由用人单位和职工共同缴纳的。用人单位缴纳比例一般不超过职工工资的20%（具体比例因地区、政策等因素而异），职工个人缴纳比例为本人工资的 8%。

某职工每月工资为5 000元，那么他每月养老保险个人缴纳金额为5 000×8%=400元，用人单位每月的缴纳金额（假设用人单位的缴纳比例为16%）为5 000×16%=800元。这些金额会存入职工的养老保险个人账户和社会统筹账户。

2. 医疗保险

职工基本医疗保险是为补偿劳动者因疾病风险造成的经济损失而建立的一项社会保险制度。通过用人单位与个人缴费，建立医疗保险基金，参保人员患病就诊产生医疗费用后，由医疗保险机构对其给予一定的经济补偿。

职工基本医疗保险费由用人单位和职工共同缴纳。用人单位缴纳比例一般为职工工资的6%左右，职工缴纳比例一般为本人工资的2%。

某职工每月工资为6 000元，其个人每月医疗保险缴纳金额为6 000元×2%=120元，用人单位每月缴纳金额（假设用人单位缴纳比例为6%）为6 000元×6%=360元。

3. 失业保险

失业保险是指国家通过立法强制实行的，由用人单位、职工个人缴费及国家财政补贴等多渠道筹集资金建立基金，对因失业而暂时中断生活来源的劳动者提供物质帮助的制度。

失业保险费由用人单位和职工共同缴纳。单位缴纳比例一般为职工工资的0.5%~2%（不同地区有差异），职工个人缴纳比例一般为本人工资的0.2%~1%。

某职工月工资为4 000元，用人单位对失业保险的缴纳比例为1%，个人缴纳比例为0.5%，则单位每月缴纳4 000元×1%=40元，个人每月缴纳4 000元×0.5%=20元。

4. 工伤保险

工伤保险是指劳动者在工作中或在规定的特殊情况下，遭受意外伤害或患职业病导致暂时或永久丧失劳动能力以及死亡时，劳动者或其遗属从国家和社会获得物质帮助的一种社会保险制度。

工伤保险费全部由用人单位缴纳，缴费费率是根据行业风险程度设定的，一般为用人单位工资总额的0.2%~1.9%（不同行业类别差异较大）。

某建筑企业属于高风险行业，工伤保险缴费费率为1.3%，企业月工资总额为1 000 000元，那么该企业每月工伤保险缴纳金额为1 000 000元×1.3%=13 000元。

5. 生育保险

生育保险是国家通过立法，在怀孕和分娩的妇女劳动者暂时中断劳动时，由国家和社会提供医疗服务、生育津贴和产假的一种社会保险制度。部分地区生育保险与医疗保险合并实施。

生育保险费由用人单位缴纳，一般不超过用人单位工资总额的 1%（具体比例因地区而异）。

某企业月工资总额为800 000元，生育保险缴纳比例为0.8%，则企业每月生育保险缴纳金额为800 000元×0.8%=6 400元。

二、“一金”部分（住房公积金）

住房公积金是指国家机关、国有企业、城镇集体企业、外商投资企业、城镇私营企业及其他城镇企业、事业单位、民办非企业单位、社会团体及其在职职工缴存的长期住房储金。

住房公积金由职工和用人单位共同缴存。职工和用人单位住房公积金的缴存比例均不得低于职工上一年度月平均工资的5%，最高不得超过12%。

某职工上一年度月平均工资为7 000元，用人单位和职工缴存比例均为10%，则职工每月住房公积金缴存金额为7 000元×10%=700元，用人单位也为其缴存700元，职工每月住房公积金账户共增加1 400元。

上述小方的工资为10 000元，五险一金（不考虑纳税）的计算方式如下。

养老保险：个人缴纳比例一般为工资的8%，所以小方每月养老保险缴纳金额为10 000元×8%=800元。

医疗保险：个人缴纳比例通常为工资的2%，则小方每月医疗保险缴纳金额是10 000元×2%=200元。

失业保险：个人缴纳比例为工资的0.5%~1%，这里取中间值0.7%计算，小方每月失业保险缴纳金额为10 000元×0.7%=70元。

住房公积金：单位和个人缴纳比例一般在5%~12%，假设小方单位按10%的比例缴纳，则小方每月住房公积金缴纳金额为10 000元×10%=1 000元。

综上，小方每月五险一金个人缴纳部分总计为：800元+200元+70元+1 000元=2 070元。如果缴纳了五险一金，小方每月能拿到手的工资大约为10 000元−2 070元=7 930元。

从这个数据来看，公司不为小方缴纳五险一金，小方似乎还“赚”了。但是我们仔细想想，小方真的“赚”了吗？

首先，我们来考虑一些非常现实的问题。在许多大城市，如北京、上海、广州、深圳等地，非本地户籍人口想要购买房产，往往需要满足一定的社保缴纳年限要求。以北京为例，此前，非京籍居民购房，需要连续缴纳社保或个人所得税满5年。各地为了吸引人才，会将个人缴纳社保的情况作为落户的一个参考因素。比如一些二线城市规定，符合当地产业发展需求的专业技术人才或高学历人才，在社保缴纳达到一定年限后，就可以申请落户。以杭州为例，符合条件的人才在当地正常缴纳社保一定时间后，就可以通过人才引进渠道办理落户手续。对于一些普通劳动者，部分城市也会以稳定的社保缴纳记录来衡量其在当地的就业稳定性。比如一些中小城市，对于在当地用人单位连续缴纳社保达到一定年限的员工，给予落户资格。

如果不能在工作的城市落户，那么以后子女入学就会出现问题。

其次，我们来考虑医疗保险。医疗费用在现代社会是一笔不小的开支。职工医疗保险可以报销大部分医疗费用，包括门诊、住院、药品等费用。我们都知道，严重的疾病可能需要几十万元甚至更高的治疗费用，对于普通家庭来说是难以承受的。有了医疗保险，就可以大大减轻患者的经济压力，并能使患者得到及时有效的治疗。

让小方没想到的是：在工作半年后，他因为肾结石住院做手术，花费了23 000元，因为小方没有缴纳五险一金，所以这些医疗费无法报销，小方感到后悔莫及。

那么，我们再来分析一下小方所在的公司为什么不愿意为他缴纳五险一金。公司明明已经把要缴纳五险一金的钱折算给小方了啊。

以养老保险为例，按照规定，小方需要把工资的8%存入自己的养老保险账户内，与此同时，公司也要把一定比例（不超过小方工资的20%）的金额存入小方的养老保险账户内。如果公司不为小方缴纳五险一金，就意味着公司不用再拿出一部分钱来存入小方的养老保险账户内。归根结底，还是小方亏了一笔钱。

读到这里，读者可能会说，还是因为小方短视，如果他当时不签订那份放弃五险一金的承诺书就好了，而现在只能自认倒霉。但是，我国法律明确规定，缴纳社会保险费是用人单位应尽的义务。也就是说，社会保险费是强制缴纳的，不能因用人单位和劳动者的约定而改变，所以，小方放弃社保的承诺书是无效的，小方可以向公司主张补充缴纳。那么，小方要如何进行维权呢？

首先，小方可以先尝试与公司进行友好协商，向公司表明自己已经了解到放弃社保的承诺书是无效的，希望公司能够按照法律规定为自己补缴社会保险费。在与公司沟通前，小方可以查找相关法律法规作为协商的依据，比如《劳动法》《中华人民共和国社会保险法》（以下简称《社会保险法》）中关于社保缴纳义务的规定，让公司认识到其应承担的法律责任。

其次，小方可以向公司说明补缴社保对公司也是有利的，可以避免公司因为违反社保规定而面临潜在的法律风险和罚款。如果公司能够理解并同意补缴，则是最理想的解决方式，可以避免双方产生更多的矛盾和纠纷。

如果与公司协商无果，小方可以向劳动监察部门投诉。劳动监察部门有权对用人单位遵守《劳动法》等相关法律法规的情况进行监督检查，其中包括社保缴纳情况。小方需要准备好相关的证据材料，例如劳动合同（如果有）、工资条、工作证、考勤记录等，以证明自己与公司存在劳动关系以及公司未为其缴纳社保。

劳动监察部门在接到投诉后，会进行调查核实。如果情况属实，会责令公司限期补缴社保。法律规定：用人单位不办理社会保险登记的，由社会保险行政部门责令其限期改正；逾期不改正的，对用人单位处应缴社会保险费数额一倍以上三倍以下的罚款，对其直接负责的主管人员和其他直接责任人员处五百元以上三千元以下的罚款。

小方还可以向当地的社会保险经办机构举报公司未为其依法缴纳社保的行为。社会保险经办机构负责社会保险的具体业务办理和基金管理，对于用人单位未按时足额缴纳社会保险费的，会责令其限期缴纳或者补足，并自欠缴之日起，按日加收万分之五的滞纳金；逾期仍不缴纳的，由有关行政部门处欠缴数额一倍以上三倍以下的罚款。

如果小方因为公司未缴纳社保而遭受经济损失，例如因无法享受医保报销而支付了高额的医疗费用等，他可以通过劳动仲裁来维护自己的合法权益。在劳动仲裁过程中，小方需要明确自己的仲裁请求，比如要求公司补缴社保、赔偿因未缴纳社保而导致的经济损失等。

仲裁庭会根据双方提供的证据和相关法律规定进行裁决。如果小方胜诉，那么公司就必须按照仲裁裁决执行，包括补缴社保和支付相应的赔偿。如果公司不执行仲裁裁决，小方还可以向法院申请强制执行。

相关法条

《劳动法》第七十二条　社会保险基金按照保险类型确定资金来源，逐步实行社会统筹。用人单位和劳动者必须依法参加社会保险，缴纳社会保险费。

第一百条　用人单位无故不缴纳社会保险费的，由劳动行政部门责令其限期缴纳；逾期不缴的，可以加收滞纳金。

《社会保险法》第五十七条第一款　用人单位应当自成立之日起三十日内凭营业执照、登记证书或者单位印章，向当地社会保险经办机构申请办理社会保险登记。社会保险经办机构应当自收到申请之日起十五日内予以审核，发给社会保险登记证件。

第五十八条第一款　用人单位应当自用工之日起三十日内为其职工向社会保险经办机构申请办理社会保险登记。未办理社会保险登记的，由社会保险经办机构核定其应当缴纳的社会保险费。

第六十条第一款　用人单位应当自行申报、按时足额缴纳社会保险费，非因不可抗力等法定事由不得缓缴、减免。职工应当缴纳的社会保险费由用人单位代扣代缴，用人单位应当按月将缴纳社会保险费的明细情况告知本人。

第六十三条第一款　用人单位未按时足额缴纳社会保险费的，由社会保险费征收机构责令其限期缴纳或者补足。

第八十四条　用人单位不办理社会保险登记的，由社会保险行政部门责令限期改正；逾期不改正的，对用人单位处应缴社会保险费数额一倍以上三倍以下的罚款，对其直接负责的主管人员和其他直接责任人员处五百元以上三千元以下的罚款。

薪资谈判秘籍：优雅谈钱的艺术

在职场中，薪资谈判是一项必不可少的技能，它不仅关乎你的经济利益，还是你个人价值和职业成长的体现。无论你是初入职场还是在职场上耕耘多年，掌握与用人单位谈钱的艺术都至关重要。

但与用人单位谈钱之前，你得明确一件事，那就是：你的薪资到底包括哪些。

根据《劳动法》及相关法规，薪资包括基本工资、奖金、绩效工资、各类补贴、社会保险以及个人所得税等多个组成部分。

1. 基本工资

基本工资是根据劳动合同约定或用人单位的规章制度规定的工资标准计算的工资，也称标准工资，是劳动者所得薪资的基本组成部分和重要部分，具有相对稳定性，较薪资的其他组成部分更为固定。按照《劳动法》的规定，劳动者享有不低于当地最低工资标准的基本工资。

2. 奖金与绩效工资

奖金和绩效工资通常与劳动者个人或团队的工作表现直接相关，体现了多劳多得的原则。奖金可能包括年终奖、季度奖、项目完成奖等；绩效工资则是根据员工的个人或团队业绩定期发放的额外报酬。

3. 各类补贴

用人单位可能根据工作性质或工作环境提供不同类型的补贴，如高温补贴、低温补贴、夜班补贴、交通补贴、住房补贴、生日补贴等。这些补贴是对员工的额外劳动价值的补偿。

4. 社会保险

社会保险包括养老保险、医疗保险、失业保险、工伤保险和生育保险等，旨在为劳动者提供基本的社会保障。根据《社会保险法》，用人单位和劳动者个人需按法律规定各自缴纳社会保险费用。

5. 个人所得税

个人所得税是在工资发放前根据《中华人民共和国个人所得税法》规定计算并扣缴的税款，税额根据个人的应纳税所得额确定，实行超额累进税率。

软件工程师赵云的薪资结构是这样的：基本工资10 000元/月；绩效工资2 000元/月；高温补贴300元/月；夜班补贴200元/月；住房补贴1 000元/月；社保个人缴纳1 500元/月。

假设高温补贴是按国家大部分地区的常规时间（6—9月）发放，那么在非发放高温补贴的月份，赵云的税前工资为每月10 000元+2 000元+200元+1 000元=13 200元。

在发放高温补贴的月份（6—9月），赵云的税前工资为每月10 000元+2 000元+300元+200元+1 000元=13 500元。

在计算总收入时，赵云的名义工资（即税前总收入）为13 200元/月。但需要注意的是，这个数字并不是他最终能拿到手的金额，因为还需要扣除个人所得税和社会保险个人缴纳部分。

以下是计算赵云到手收入的过程。计算过程中部分社保缴纳比例参考常见标准，实际情况可能因地区、政策等因素有所不同。

计算社会保险个人缴纳部分。

养老保险：个人缴纳比例一般为工资的8%，所以赵云每月养老保险缴纳金额为13 200元×8%=1 056元。

医疗保险：个人缴纳比例通常为工资的2%，则赵云每月医疗保险缴纳金额为13 200元×2%=264元。

失业保险：个人缴纳比例为工资的0.5%~1%，这里以0.7%计算，赵云每月失业保险缴纳金额为13 200元×0.7%=92.4元。

假设住房公积金单位和个人缴纳比例均为10%（实际比例用人单位根据具体情况而定），则赵云每月住房公积金的缴纳金额为13 200元×10%=1 320元。

综上，赵云每月五险一金中个人缴纳部分总计为1 056元+264元+92.4元+1 320元=2 732.4元。

计算应纳税所得额。

应纳税所得额=工资收入金额–各项社会保险费–起征点（5 000元）。赵云的应纳税所得额为13 200元–2 732.4元–5 000元=5 467.6元。

计算个人所得税。

根据个人所得税税率表，不超过3 000元的部分税率为3%，3 000元至12 000元的税率为10%，速算扣除数为210元。

赵云应纳税所得额5 467.6元中，其中3 000元按3%税率纳税，剩余部分（5 467.6元−3 000元=2 467.6元）按10%税率纳税。

则个人所得税计算步骤如下。

先计算3 000元部分的税额：3 000元×3%=90元。

再计算超过3 000元部分的税额：（5 467.6−3 000）元×10% = 2 467.6元×10% =246.76元。

最后将两部分税额相加：90元+246.76元=336.76元。

计算到手工资。

赵云的到手工资=名义工资−五险一金中个人缴纳部分−个人所得税，即：13 200元−2 732.4元−336.76元=10 130.84元。

所以，赵云每月到手工资为10 130.84 元。

通过上述案例可以清楚地看到，赵云的工资并非仅仅包括基本工资一项，而是由多个组成部分构成。理解这些细节不仅有助于你更好地管理个人财务，而且一旦遇到薪资争议，你可以依据相关法律法规维护自身的合法权益。

根据《劳动法》的核心精神，每一位辛勤工作的员工都有权获得与自己的工作量和工作质量相匹配的公平的报酬，用人单位不得无故克扣或拖延支付劳动者工资。相关法律是每位劳动者的坚实盾牌，旨在保护劳动者用汗水与智慧换来的应得的报酬。

《劳动法》规定，用人单位支付劳动者的工资不得低于当地最低工资标准。这条底线旨在保障所有劳动者最基本的生活需求，无论哪个行业或岗位，这条规定都是不可触碰的红线。

加班工资同样不容忽视，加班工资是对劳动者超出正常工作时间之外所付出的劳动的额外补偿。为劳动者支付加班工资，既是用人单位责任的一部分，也是维护健康劳动关系的关键。

遗憾的是，在现实的职场环境中，一些用人单位尚未完全践行薪酬公正的原则，而且，不少人与用人单位谈论薪资时，往往感到难以启齿，仿佛谈论薪资成为某种禁忌。这不仅抑制了个人对合理待遇的正当追求，还模糊了劳动价值。

在这种背景下，学会优雅而坚定地进行薪资谈判显得尤为重要。它是个人职业成长中的必修课。勇于为自己发声，不仅能提升个人的职场地位，还能促使用人单位正视薪酬体系的不足之处，进而营造出更加健康、尊重人才的工作氛围。

下面是一些结合《劳动法》原则的薪资谈判指南，希望能够帮助你在职业生涯中优雅地争取到自己应得的报酬。

1. 入职时的薪资谈判策略

（1）市场调研：在谈判前，要了解行业的薪资标准，尤其是同职位、同级别的平均薪酬水平。这将为你的薪资谈判提供依据，能让你的薪资要求更加合理且有说服力。

（2）自我评估：明确你的专业技能、工作经验和对用人单位的潜在贡献。这些是薪资谈判最有力的筹码，你要清晰地表达你为何值得你所期待的薪酬。

（3）灵活应对：除了基本薪资，你还要综合考虑绩效奖金、股权激励、培训机会、健康保险等。有时，它们的价值可能不亚于基本的薪资。

（4）谈判话术：在入职前进行薪资谈判，良好的沟通技巧和恰当的话术可以极大地影响谈判结果。以下是一些实用的薪资谈判话术示例，可以帮助你自信地表达自己的价值和期望，同时保持对话的积极态度和专业性。

<准备阶段>

在正式谈判前，你要先做好充分的准备，包括了解行业薪资水平和范围、自己的市场价值、用人单位的财务状况和组织文化等信息。

<开场引入>

“我非常感谢贵公司给我这次机会，我对加入公司充满期

待。在我接受这份工作之前，我想讨论一下薪资问题，我相信我们能得到一个双方都满意的解决方案。”

<表达价值>

“基于我的经验和技能，以及我将为团队带来的贡献，我认为我的薪资应该在××××至××××元。贵公司在行业中处于领先地位，我相信贵公司在薪资方面也会重视员工的价值和贡献。”

<探索对方的立场>

“我想知道公司对这个职位的薪资范围是如何考虑的？”

<求同存异>

“我明白我们双方的想法可能有一些差异，但我相信我们可以找到一个双赢的解决方案。比如，我们可以设定一些绩效目标，如果实现这些目标，公司是否可以考虑调整我的薪资？”

<强调灵活性>

“我愿意灵活地看待和处理问题，比如在福利、股票期权或职业发展机会等方面找到平衡。我看重的是长期的职业发展和我个人与公司文化的契合度。”

<结束谈判>

“再次感谢你们付出的宝贵时间和耐心的沟通。我相信我们能够达成共识，我也期待能为贵公司贡献我的力量。”

记住，薪资谈判是一个双向沟通的过程，目的是找到一个满足双方需求的平衡点。始终保持谦逊、专业和开放的态度，有助于今后建立良好的工作关系。

2. 长期服务后的薪资调整

（1）业绩回顾：定期回顾你的工作表现，用数据和成果说话。当你的贡献超出预期时，你适时向用人单位提出薪资调整，是对自己价值的肯定。

（2）市场动态：持续关注行业的薪资变化，市场薪资标准上升时，也是一个谈判的好时机。

（3）间接提示：有时，直接提出加薪可能会让气氛变得紧张。你可以通过询问用人单位关于绩效评价和晋升路径的政策，间接表达你对薪资增长的期待。

（4）谈判话术：在长期服务后希望薪资得到调整时，你的表达应当既体现出自己的价值和贡献，又要保持谦逊和专业、开放的态度。

以下是一段谈判话术的示例，可供参考。

您好！

我希望借这个机会，与您探讨一个对我而言十分重要的议题——我的薪资调整。自从××××年加入公司以来，我有幸见证了公司的成长与壮大，并且为能够成为公司的一员深感自豪。在过去的××

年间，我不仅完成了既定的工作任务，还主动承担了额外的责任，为团队取得显著的工作成果做出了贡献，比如……（具体成就或项目）。

我相信，这些工作成果不仅反映了我个人的努力，还证明了我的专业能力和对公司业绩的贡献。我一直比较关注行业内的薪资趋势，根据我的了解，××××（职位名称）的市场平均薪资已经调整到了××××（具体数字）元。鉴于我在公司的长期服务和贡献，我认为我的薪资也应该进行相应的调整，以更好地反映我的价值和行业薪酬标准。

我理解公司的财务状况和预算规划，同时也相信，投资于关键员工的长期发展是公司战略的重要组成部分。我认为我们可以探讨薪资调整方案，或者结合绩效奖励计划对我的薪酬进行调整，我想，这样做，既可以体现我的工作价值，又与公司的目标保持一致。

我非常珍视在×××（公司名）的工作经历，期待与您进一步讨论这个问题，共同寻找一个对双方都公平合理的解决方案。感谢您一直以来的支持和指导，期待我们未来的沟通与合作。

你可以根据实际情况调整上述模板中的具体信息，如姓名、日期、成就和数字等。这样的谈判话术既可以展示你的专业性，又可以表达对协商和共同成长的开放态度。

（5）正式提案：如果以上方法未能奏效，你不妨准备一份正式的薪资调整提案，详细列出你在工作方面所做的贡献、行业薪酬标准以及你所期望的薪资，以书面形式提交给上级领导或人力资源部门。

记住，优雅谈钱的艺术在于自信，无须咄咄逼人，要条理清晰、有理有据且不夸大其词。此外，你在维护自己权益的同时，也要考虑用人单位的立场和整体经济环境。相信在诉求合理的基础上，通过有效的沟通，你可以在职场中获得相应的尊重和回报。

相关法条

《劳动合同法》第三十条第一款　用人单位应当按照劳动合同约定和国家规定，向劳动者及时足额支付劳动报酬。

第三十五条第一款　用人单位与劳动者协商一致，可以变更劳动合同约定的内容。变更劳动合同，应当采用书面形式。

《劳动法》第四十六条第一款　工资分配应当遵循按劳分配原则，实行同工同酬。

试用期生存指南：不做用人单位的“小白鼠”

试用期是新人融入用人单位和团队的一个过渡阶段。然而，有些用人单位钻空子，利用这个阶段，让他人免费为自己付出劳动。

张怡然大学毕业后，满怀憧憬地进入一家公司工作，但她经历了长达6个月的试用期。她在试用期不仅没有得到一分钱的报酬，还在6个月后因为公司人事负责人的一句“你不适合公司”而郁郁寡欢地离开了公司。这件事对张怡然造成很大的打击，她认为这样的结果是自己能力不足造成的。结果，让她震惊的是，一个偶然的机会，她得知在自己之前，已经有8位同事和她有同样的经历。这家公司显然是利用试用期作为获得免费劳动力的手段，这种做法不仅对劳动者来说是极大的不公，更是对《劳动法》的公然蔑视。

关于试用期的约定是劳动合同的一部分，试用期应当被包含在劳动合同期限内，而非独立于劳动合同期限之外。这意味着劳动者在以下几方面拥有权益。

1. 试用期工资

劳动者在试用期内享有获得工资的权利，试用期的工资不得低于本单位相同岗位最低档工资或者劳动合同约定工资的80%，并不得低于用人单位所在地的最低工资标准。

2. 试用期时长

试用期的时长根据合同期限的不同而有所区别，但最长不得超过6个月。例如，3年以上的固定期限劳动合同和无固定期限的劳动合同，试用期都不得超过6个月。

3. 试用期辞退条件

用人单位在试用期内与劳动者解除劳动合同，必须证明劳动者不符合录用条件，不能随意以“不适合”为由辞退。

当你发现自己在试用期期间遭受不公平待遇，如被无故延长试用期、未支付试用期工资或遭遇不合理辞退等情况，可以采用下面的步骤来维护自己的合法权益。

1. 收集证据

（1）文档记录：你要保存所有与工作相关的电子邮件、短信（或微信等）、工作成果、会议纪要、绩效评估报告等，这些可以证明你的工作表现以及用人单位相关行为违犯了法律。

（2）工资条与合同：你要保留所有工资条、银行流水以及劳动合同，确保你有用人单位承诺的试用期条件和工资的书面证明。

（3）同事证言：如果可能，你可以努力获取同事或前同事的证言，特别是那些经历过相似情况的人。

2. 内部沟通

（1）与直接上司谈话：尝试与你的直接上司进行沟通，表达你的担忧和不满，询问是否有可能解决问题。

（2）人力资源部门：如果与直接上司沟通无效，可以与人力资源部门沟通，寻求内部解决。

3. 寻求专业咨询

（1）劳动法律师：咨询劳动法律师，了解你的权利和可采取的法律途径，律师可以提供专业的法律建议和支持。

（2）劳动监察大队：你可以联系当地的劳动监察大队，了解具体的投诉流程和所需材料，他们会指导你如何进一步行动。

4. 正式投诉

向劳动监察大队提交书面投诉，详细描述你的遭遇和用人单位的违法行为，附上所有你收集到的证据。你要确保投诉的内容翔实，包括你的个人信息、用人单位信息、事件经过、你的诉求及相关证据的复印件。

5. 劳动仲裁

（1）申请仲裁：如果通过劳动监察大队未能解决问题，你可以向劳动人事争议仲裁委员会（以下简称“仲裁委员会”）申请仲裁。

（2）准备材料：准备好所有相关证据和法律依据，包括《劳动法》的相关条款，以支持你的仲裁请求。

6. 法律诉讼

（1）民事诉讼：在仲裁结果不满意的情况下，可以向人民法院提起民事诉讼，要求用人单位赔偿损失或恢复相关权益。

（2）法律援助：如果你的经济条件有限，可以申请法律援助，获得免费或低成本的法律服务。

7. 社交媒体与公众舆论

虽然通过社交媒体披露用人单位的不合法行为有可能迅速引起公众的注意，但在采取这一措施前，务必要考虑采取这种做法可能产生的负面影响，最好在专业人士的指导下进行。

维权过程可能耗时较长且程序复杂，但记住，你有权获得公正的对待和合法的补偿。在整个过程中，保持冷静、收集证据、寻求专业帮助并遵循法律程序，是维护自己合法权益的关键。

试用期不应成为用人单位剥削他人劳动的借口，而应是双方相互了解和适应的过程。劳动者只有了解并合理运用《劳动法》赋予的权利，才能在职场中避免成为“小白鼠”，维护自己的尊严和合法权益。

相关法条

《劳动合同法》第十九条　劳动合同期限三个月以上不满一年的，试用期不得超过一个月；劳动合同期限一年以上不满三年的，试用期不得超过二个月；三年以上固定期限和无固定期限的劳动合同，试用期不得超过六个月。

同一用人单位与同一劳动者只能约定一次试用期。

以完成一定工作任务为期限的劳动合同或者劳动合同期限不满三个月的，不得约定试用期。

试用期包含在劳动合同期限内。劳动合同仅约定试用期的，试用期不成立，该期限为劳动合同期限。

第二十一条　在试用期中，除劳动者有本法第三十九条和第四十条第一项、第二项规定的情形外，用人单位不得解除劳动合同。用人单位在试用期解除劳动合同的，应当向劳动者说明理由。

第三十九条　劳动者有下列情形之一的，用人单位可以解除劳动合同：

（一）在试用期间被证明不符合录用条件的；

…………

第四十条　有下列情形之一的，用人单位提前三十日以书面形式通知劳动者本人或者额外支付劳动者一个月工资后，可以解除劳动合同：

（一）劳动者患病或者非因工负伤，在规定的医疗期满后不能从事原工作，也不能从事由用人单位另行安排的工作的；

（二）劳动者不能胜任工作，经过培训或者调整工作岗位，仍不能胜任工作的；

…………

竞业限制？你是不是签了“卖身契”

在职业生涯中，你或许遇到过这样一个看似神秘又略带压迫感的词汇——竞业限制。不少人在签署劳动合同时，面对竞业限制条款会产生疑惑：“这是签了‘卖身契’吗？”其实，竞业限制并不是对劳动者的简单的束缚，而是在特定的条件下保护用人单位知识产权和商业秘密的一种合法措施。

竞业限制，简而言之，是指劳动者在离职后的一定期限内，不得从事与原用人单位业务有竞争关系的同类工作，不得泄露或利用在原用人单位任职期间所获取的商业秘密。

小李是一名资深软件工程师，在一家知名科技公司A公司工作了五年，专注于人工智能算法领域的工作。在A公司投入了大量资源的背景下，小李和他的团队开发出了一套非常先进的人工智能系统，这套系统成为A公司的核心竞争力之一。

一段时间后，小李决定跳槽，去另一家新兴的科技公司——B公司，而B公司也在积极研发类似的人工智能技术。然而，小李在A公司曾签署过一份包含竞业限制条款的合同，该条款明确规定，小李一旦离职，离职后的2年内不得在有直接竞争关系的公司工作，也不得泄露他在A公司所了解到的商业秘密。

这就意味着，小李不能直接跳槽到B公司继续从事人工智能算法方面的工作，因为这将违反竞业限制协议。如果他想继续在科技行业工作，那么就得选择一个不直接与A公司的业务有竞争关系的领域，比如转向大数据分析或网络安全，或者，小李可以待竞业限制期限结束后再做决定。

在这个例子中，劳动合同中的竞业限制条款起到了保护A公司商业秘密和竞争优势的作用，同时也在一定程度上限制了小李的就业选择。

竞业限制条款常见于高级管理人员、核心技术人员或接触敏感信息的员工的劳动合同中。竞业限制条款有其目的与合理性。

1. 竞业限制条款可以保护商业秘密

用人单位投入大量资源研发产品、开拓市场，与员工签订竞业限制协议可以防止核心技术或客户资源被竞争对手轻易获取。

2. 竞业限制条款可以维护市场公平

竞业限制条款可以避免员工利用原用人单位的资源和信息优势，在离职后立即加入竞争对手的公司或创办竞争公司，扰乱市场秩序。

《劳动合同法》对竞业限制有明确的规定，旨在平衡用人单位和员工的利益。根据《劳动合同法》，竞业限制协议必须遵循以下原则。

（1）有偿性：用人单位必须向遵守竞业限制规定的劳动者支付一定的经济补偿。

（2）合理性：限制的地域、期限和行业范围必须合理，期限通常不超过2年。

（3）知情权：员工在签署竞业限制协议前，有权了解其限制的具体内容和后果。

面对劳动合同中的竞业限制条款，员工应谨慎评估以下几点。

（1）未来职业规划：考虑该条款对自己未来就业或创业有何影响。

（2）补偿标准：确认经济补偿是否合理，是否足以弥补潜在的就业限制造成的损失。

（3）法律咨询：如有疑虑，可以寻求专业法律人士的意见，确保自己的合法权益不受损害。

综上所述，竞业限制条款或协议并非“卖身契”，而是基于合理的行业规范，旨在保护用人单位的合法权益，同时保障劳动者的合理权益不受过度限制。在签署含有此类条款的劳动合同时，要清楚了解其内涵，权衡利弊，这是每位职场人士应有的审慎态度。合法合规的竞业限制方式，使你既能在职业生涯中自由发展，又能维护行业健康发展。

相关法条

《劳动合同法》第二十三条　用人单位与劳动者可以在劳动合同中约定保守用人单位的商业秘密和与知识产权相关的保密事项。

对负有保密义务的劳动者，用人单位可以在劳动合同或者保密协议中与劳动者约定竞业限制条款，并约定在解除或者终止劳动合同后，在竞业限制期限内按月给予劳动者经济补偿。劳动者违反竞业限制约定的，应当按照约定向用人单位支付违约金。

第二十四条 竞业限制的人员限于用人单位的高级管理人员、高级技术人员和其他负有保密义务的人员。竞业限制的范围、地域、期限由用人单位与劳动者约定，竞业限制的约定不得违反法律、法规的规定。

在解除或者终止劳动合同后，前款规定的人员到与本单位生产或者经营同类产品、从事同类业务的有竞争关系的其他用人单位，或者自己开业生产或者经营同类产品、从事同类业务的竞业限制期限，不得超过二年。

面对背景调查，怎样确保“过去不影响未来”

在招聘过程中，背景调查已成为许多用人单位筛选应聘者的关键环节。背景调查旨在验证应聘者提供的信息，包括教育背景、工作经历、职业资格乃至个人品行和信用状况等。这一过程能够帮助用人单位评估应聘者是否适合某个职位，同时也是预防欺诈、保护用人单位利益的有效手段。

1. 背景调查都查些什么？

（1）教育背景：核实学历的真实性，包括毕业院校、学位、专业等信息。

（2）工作经历：确认应聘者的前用人单位、应聘者在该单位的职位、其在职时间以及工作表现等。

（3）专业资质：验证行业资格证书或专业执照的有效性。

（4）信用历史：对于某些岗位，如财务、法律领域某些岗位的应聘者，可能还会调查个人的信用记录。

（5）犯罪记录：对于特定行业或岗位，如儿童教育、安保等，可能会调查应聘者是否有犯罪前科。

2. 用人单位做背景调查应遵循的原则

（1）尊重隐私：用人单位做背景调查的范围应只限于与工作相关的事项，不得侵犯应聘者的隐私。

（2）知情同意：应聘者有权了解调查内容和目的，用人单位应在调查前取得应聘者的同意。

（3）客观公正：用人单位的调查应基于事实，避免偏见或歧视。

根据相关法律法规，用人单位有权了解劳动者与劳动合同直接相关的基本情况，应聘者有权知悉背景调查的具体内容和目的。用人单位应当在调查前明确告知，并获得应聘者的书面同意。此外，应聘者有权要求查看调查结果，确保信息准确和具有公正性。

3. 面对背景调查，应聘者的应对策略

（1）准备充分：应聘者在面试阶段就应准备一份详尽的个

人履历，包括工作经历、教育背景和专业证书等，并确保所有信息准确无误。

（2）积极沟通：如果应聘者过去的工作经历存在一些复杂情况，如短暂离职或工作变动频繁，应对用人单位清晰、诚恳地说明原因，避免被误解。

（3）选择推荐人：应聘者可以提供一份可靠的推荐人名单，名单中最好是自己的前雇主、同事或行业内的专业人士，并确保他们愿意为自己作证，对自己的评价是正面的。

（4）了解法规：应聘者应该了解有关法律中关于背景调查的规定，了解自己的合法权益，包括有权查看和更正不准确的调查结果。

（5）保持透明：如果应聘者过去的经历的确有瑕疵，如微小的工作失误或短期失业等，应该事先准备好对瑕疵的解释，要对用人单位坦诚相待，将沟通的重点放在自己如何克服困难、吸取教训方面，并展示自己对未来的积极态度和清晰的职业规划。

（6）保持专业形象：保持自己在社交媒体和网络平台上的专业形象。删除或隐藏可能引发负面联想的内容，确保在线形象与职业身份相符。

面对背景调查，应聘者不必过分担忧“过去”。通过上述6

个策略，应聘者可以有效地将过去转变为未来成功的基石。相关法律法规为劳动者提供了法律保障，能确保背景调查公平、合理。记住，每一次挑战都是展现个人品质和能力的机会，要用诚实、专业和自信，让过去成为未来成功故事的一部分。

相关法条

《中华人民共和国个人信息保护法》第十三条　符合下列情形之一的，个人信息处理者方可处理个人信息：

（一）取得个人的同意；

（二）为订立、履行个人作为一方当事人的合同所必需，或者按照依法制定的劳动规章制度和依法签订的集体合同实施人力资源管理所必需；

（三）为履行法定职责或者法定义务所必需；

（四）为应对突发公共卫生事件，或者紧急情况下为保护自然人的生命健康和财产安全所必需；

（五）为公共利益实施新闻报道、舆论监督等行为，在合理的范围内处理个人信息；

（六）依照本法规定在合理的范围内处理个人自行公开或者其他已经合法公开的个人信息；

（七）法律、行政法规规定的其他情形。

依照本法其他有关规定，处理个人信息应当取得个人同意，但是有前款第二项至第七项规定情形的，不需取得个人同意。

第十七条　个人信息处理者在处理个人信息前，应当以显著方式、清晰易懂的语言真实、准确、完整地向个人告知下列事项：

（一）个人信息处理者的名称或者姓名和联系方式；

（二）个人信息的处理目的、处理方式，处理的个人信息种类、保存期限；

（三）个人行使本法规定权利的方式和程序；

（四）法律、行政法规规定应当告知的其他事项。

前款规定事项发生变更的，应当将变更部分告知个人。

个人信息处理者通过制定个人信息处理规则的方式告知第一款规定事项的，处理规则应当公开，并且便于查阅和保存。

第二章

日常工作篇

加班到天亮，该向谁说“不”

加班成了“日常”，该如何合法“反抗”

夜幕降临，员工小刘正对着电脑屏幕上的代码发呆。小刘感到分外难受：这是他这个月第N次“自愿”加班了，虽然公司从未明文规定需要加班，但所有员工都在加班，包括小刘的顶头上司。无形的压力和加班文化让小刘觉得不加班似乎就是不敬业。日复一日，这种每天“自愿”的加班让小刘感到焦虑和痛苦，他的健康也亮起了红灯。让他觉得更痛苦的是，因为加班行为属于“自愿”，所以公司没有给小刘任何加班补贴。

在当今社会，尤其是在互联网行业，“996”文化（即每周工作6天，每天的工作时间是从早上9点到晚上9点）似乎成为一种常态，许多人像小刘一样被卷入了无休止的加班漩涡。这样的工作模式，不仅严重侵占了劳动者的个人时间，还对劳动者的身心健康造成巨大威胁。

《劳动法》对劳动者的工作时间做出了规定：国家实行劳动者每日工作时间不超过八小时、平均每周工作时间不超过四十四小时的工作制度。任何超出此范围的工作时间都应被视为加班，并应得到相应的加班补偿。这意味着，无论用人单位以何种方式要求员工加班，都必须依法支付加班费。

那么，面对如此普遍的加班现象，你该如何维护自己的合法权益呢？以下是一些实用的对策。

1. 了解自己的合法权益

首先，你要了解《劳动法》等相关法律法规，明确自己在加班方面的权利，包括加班费的标准和计算方法。

（1）日常加班。如果在正常工作时间之外加班，加班工资应不低于工资的150%。例如，如果小李的日工资为200元，那么他每加班一小时，应至少获得37.5元（200/8元×150%）的收入。

（2）休息日加班。如果在休息日（通常指周末）加班，加班工资应不低于工资的200%。继续上述的例子，如果小李在周末加班，他每小时应至少获得50元（200/8元×200%）的收入。

（3）法定节假日加班。如果在法定节假日加班，加班工资应不低于工资的300%。这意味着小李在法定节假日加班，每小时应至少获得75元（200/8元×3倍）的收入。

需要注意的是，上述标准是最低要求，具体还需结合个人的实际工资情况和地方性法规进行计算。此外，部分用人单位可能会采用计件工资制度，但这并不影响按照上述比例计算工资。

了解并掌握以上标准，有助于劳动者在面临加班时，清晰地知道自己应有的合法权益，从而可以合理维护自己的合法权益。劳动者在与用人单位沟通或申请加班费时，以上标准是重要的参考依据，能确保加班补偿要求具有合理性和合法性。

2. 记录加班事实

详细记录每一次加班的起止时间、时长以及加班的原因等，这将成为你日后维权的重要证据。

3. 合理拒绝加班

在确保工作质量和效率的前提下，劳动者有权在非紧急或非必要的情况下拒绝加班，以维护个人的休息时间和生活平衡。你可以与领导沟通，表达自己的立场，同时提出合理的工作安排建议，避免不必要的加班。

下面是一个拒绝加班的话术示例，希望能帮助你在保持职场礼仪的同时，合理地拒绝加班。

尊敬的×总：

感谢您对我工作的认可和信任，我非常重视我的职责并且致力于高质高效地完成每一项工作任务。然而，关于周末加班这件事，我希望可以和您探讨一下免于加班的、可行的解决方案。

目前，我手头的项目进度如下（简要说明当前工作状态）……我认为在接下来的正常工作时间内，我可以有效管理并推进这些任务。为了保证工作的质量和效率，同时也考虑到个人的健康与家庭责任，我希望能够遵循我们公司的标准工作时间安排。

我非常理解项目有时会遇到紧急情况，需要团队成员的额外支持。为此，我提议以下解决方案（提供替代方案，如调整工作优先级、分配任务给其他团队成员、提前规划工作内容以避免加班等）……这样既能确保项目顺利进行，又能使团队成员保持个人身心健康，实现工作和生活的平衡。

如果您认为有必要讨论这个问题，我很乐意安排一个合适的时间开会，大家共同寻找最佳解决方案。我相信，通过有效的沟通和团队协作，我们可以找到一个大家都能接受的平衡点，避免周末加班。

4. 寻求法律援助

如果用人单位长期强制加班且没有加班补偿，你可以通过工会、劳动监察大队或法律途径寻求帮助，必要时可以提起劳动仲裁或诉讼，以维护自己的合法权益。

5. 倡导健康的工作文化

在可能的情况下，你可以在单位倡导建立更加人性化的工作制度，比如弹性工作制、远程办公等，以减少不必要的加班，营造一个更加健康、高效的工作环境。

上述小刘的故事并非个例。在追求效率和业绩的同时，你更应该关注个人的健康和生活质量。你要通过合法手段维护自己的合法权益，这不仅是对自己负责，还能推动社会朝着更加公平、和谐的方向发展。

相关法条

《劳动法》第三十六条　国家实行劳动者每日工作时间不超过八小时、平均每周工作时间不超过四十四小时的工时制度。

第四十四条　有下列情形之一的，用人单位应当按照下列标准支付高于劳动者正常工作时间工资的工资报酬：

（一）安排劳动者延长工作时间的，支付不低于工资的百分之一百五十的工资报酬；

（二）休息日安排劳动者工作又不能安排补休的，支付不低于工资的百分之二百的工资报酬；

（三）法定休假日安排劳动者工作的，支付不低于工资的百分之三百的工资报酬。

《劳动合同法》第三十一条　用人单位应当严格执行劳动定额标准，不得强迫或者变相强迫劳动者加班。用人单位安排加班的，应当按照国家有关规定向劳动者支付加班费。

第六十二条　用工单位应当履行下列义务：

…………

（三）支付加班费、绩效奖金，提供与工作岗位相关的福利待遇；

…………

第八十五条　用人单位有下列情形之一的，由劳动行政部门责令限期支付劳动报酬、加班费或者经济补偿；劳动报酬低于当地最低工资标准的，应当支付其差额部分；

逾期不支付的，责令用人单位按应付金额百分之五十以上百分之一百以下的标准向劳动者加付赔偿金：

…………

（三）安排加班不支付加班费的；

…………

休息日的正确打开方式：假期与请假策略

在一家忙碌的创业公司，小张因长时间加班、熬夜工作，身体发出了抗议信号——突发高烧，这迫使他不得不请假休息。转眼到了下一个月发工资的时间，当他查看上个月的工资条时，他惊讶地发现，由于公司的“请假倒扣工资”政策，他的收入竟然变成了负数。原本是身体必需的休息，最终变成了经济负担，这种荒谬的事情，让他深感无奈。

小张的遭遇并非个例。在一些用人单位，特别是那些竞争激烈、工作压力大的行业，为了提升工作效率，类似“请假即扣薪”的做法较为常见。这种做法严重侵犯了劳动者的合法权益，与《劳动法》的精神背道而驰。

根据《劳动法》和《劳动合同法》的相关规定，劳动者享有休息休假的权利，且在特定情况下（如病假、年假等），即使休假，也不应影响其基本工资的发放，同时国家还规定了年假制度。这意味着，劳动者在合理范围内请假，不应成为用人单位扣减其工资的理由，更不应让劳动者陷入“工作还欠用人单位钱”的尴尬境地。

那么，面对不合理的请假制度，你应当如何合理维权，保障自己的合法权益呢？

1. 了解相关法律法规

你应主动了解《劳动法》《劳动合同法》等相关法律法规，了解自己的权利和义务，做到心中有数。

2. 收集证据材料

一旦遭遇不公平对待，应立即开始收集相关证据，包括但不限于请假条、医院诊断证明、工资条、单位内部邮件或聊天记录等，以备不时之需。

3. 在内部进行沟通和协调

你可以尝试与直接上级或人力资源部门沟通，表达自己的诉求，指出用人单位政策与《劳动法》等有冲突之处，寻求合理的解决方案。

4．借助外部的求助渠道

若内部沟通无效，你可向当地的劳动监察大队投诉，或寻求法律援助，必要时提起劳动仲裁或诉讼，用法律武器维护自己的合法权益。

通过上述措施，你不仅能够有效应对用人单位不合理的请假政策，还能促进用人单位相关文化朝着良性方向发展，为自己和同事创造一个更加公平、合理、健康的职场环境。记住，休息时的正确打开方式应该是身心放松与恢复体力，而非承受经济和精神的双重压迫。

维护自身的合法权益，既是对自己负责，也是在实践社会法治精神。

相关法条

《劳动法》第五十条　工资应当以货币形式按月支付给劳动者本人。不得克扣或者无故拖欠劳动者的工资。

第五十一条　劳动者在法定休假日和婚丧假期间以及依法参加社会活动期间，用人单位应当依法支付工资。

第九十一条　用人单位有下列侵害劳动者合法权益情形之一的，由劳动行政部门责令支付劳动者的工资报酬、经济补偿，并可以责令支付赔偿金：

（一）克扣或者无故拖欠劳动者工资的；

（二）拒不支付劳动者延长工作时间工资报酬的；

（三）低于当地最低工资标准支付劳动者工资的；

（四）解除劳动合同后，未依照本法规定给予劳动者经济补偿的。

《关于贯彻执行〈中华人民共和国劳动法〉若干问题的意见》59.职工患病或非因工负伤治疗期间，在规定的医疗期间内由企业按有关规定支付其病假工资或疾病救济费，病假工资或疾病救济费可以低于当地最低工资标准支付，但不能低于最低工资标准的80%。

安全第一，远离工伤：启用职场“防护罩”

在快节奏的现代职场中，安全与健康成为大家不容忽视的重要议题。然而，即便采取了周密的预防措施，工伤事故仍有可能发生。《劳动法》不仅规定了员工的基本权益，还强调了工作环境的安全性，强调预防工伤事故发生。《劳动法》旨在为劳动者构建起坚固的“防护罩”，保障劳动者的生命安全和身体健康。

工伤，是指在工作时间和工作场所内，劳动者在从事职业活动或者与职业活动有关的活动时遭受意外伤害以及职业病伤害。具体包括以下类型。

（1）事故伤害。这是最常见的工伤类型，指的是在工作场所由意外事件直接造成的身体伤害。例如，在工厂里，工人操作机器时不慎被机器夹伤。又如，仓库的工人在搬运重物时脊椎受伤，或者一名电工修理电路时触电受伤。这些都属于事故伤害。

（2）职业病。职业病是指由某种劳动的性质或特殊的劳动环境引起的疾病，如尘肺（长期吸入无机矿物质粉尘）、听力损失（长期处于高噪声环境）、皮肤病（接触化学品）等。

（3）突发疾病或死亡。如果员工在工作时间和工作岗位上突发疾病死亡，或者在48小时内经抢救无效死亡的，通常会被认定为工伤。这种情况下，必须能够证明疾病或死亡直接与工作条件或工作压力相关。

（4）暴力伤害。这类工伤涉及在工作场所或因履行工作职责而遭受暴力行为的伤害，比如零售业或服务业员工被顾客或入侵者攻击，或是执法人员在执行任务时遭受暴力袭击，等等。

（5）外出公干期间的伤害。当员工因公出差或在用人单位指派的场所以外的地方工作时遭受伤害，这种情况也被认定为工伤。例如，一名销售人员在出差途中遭遇车祸，或者一名工程师在客户现场工作时受伤。

工伤的认定是一个涉及多个步骤的程序，旨在确保受伤员工能够得到公正的评估和补偿。以下是这一流程的详细说明。

1. 申报工伤

（1）时限要求：一旦发生工伤事故，用人单位应当在事故发生后的一定期限内（通常是30天内）向当地的社会保险行政部门报告，提交《工伤认定申请表》等。如果用人单位未能及时申报，受伤职工本人或其直系亲属或工会组织可以在一年内直接向社会保险行政部门提出申请。

（2）申请材料：申请工伤认定时，需要提交一系列文件，包括但不限于《工伤认定申请表》、医疗诊断证明、事故现场照片或视频、目击者证言、劳动合同等。

2. 事故调查

（1）调查主体：社会保险行政部门接到申请后，将派专门的工作人员对事故进行调查，以核实事故的真实性、发生的经过、原因及后果。

（2）证据收集：在调查过程中，可能需要收集相关证据，包括但不限于现场勘查、询问相关人员、调取监控录像、查阅医疗记录等。

（3）专业鉴定：对于一些复杂情况，可能需要委托专业的鉴定机构对受伤职工的伤情进行评估，以确定伤残等级。

工伤伤残等级是依据《劳动能力鉴定职工工伤与职业病致残等级》(GB/T 16180—2014)标准来确定的，这个标准将工伤伤残等级分为十个等级，从一级到十级，一级为最严重，十级为最轻。每一级伤残都有具体的评定标准，通常基于损伤对个体的生理功能、劳动能力和生活质量的影响等方面进行定级。

3. 工伤认定

(1)法律依据：行政部门将依据《工伤保险条例》及其他相关法律法规，结合调查结果，判断是否构成工伤。

(2)决定通知：一旦完成调查和评估，行政部门将出具书面的工伤认定决定书，明确告知申请人是否构成工伤，以及工伤的类型和级别。

4. 后续处理

(1)工伤保险待遇：如果被认定为工伤，受伤职工将根据伤残等级享受相应的工伤保险待遇，包括医疗费报销、伤残津贴、一次性伤残补助金等。

(2)特定情况不能解除劳动合同：《劳动法》规定，劳动者因工负伤，在规定的医疗期内，用人单位不得与其解除劳动合同。

（3）异议处理：若对工伤认定决定有异议，当事人可以依法申请行政复议或提起行政诉讼。

整个工伤认定的过程需要遵循严格的程序和标准，确保每一起工伤事故都能得到准确、公平的处理。同时，这一流程也强调了用人单位的责任，即在发生工伤事故时，应积极采取措施保护劳动者的合法权益，及时进行工伤申报，配合行政部门的调查。

接下来，聊一聊工伤保险。

工伤保险是我国社会保险体系中的重要组成部分，旨在为在工作过程中遭受意外伤害或患职业病的劳动者提供全面的经济补偿和社会保障。其出发点和实施体现了国家对劳动者权益的重视和保护。工伤保险的特点包括以下几个方面。

1. 强制性与普遍性

（1）强制性意味着所有合法注册的企业和事业单位以及其他民办非企业单位、社会团体等必须为其在职员工缴纳工伤保险费用，而职工个人无须承担这部分费用。

（2）普遍性体现在工伤保险覆盖绝大多数劳动关系下的职工，不论其用工形式（全职、兼职、合同工等）或岗位性质，只要是在工作过程中发生的伤害，均能得到相应的保障。

2. 无过错责任原则

不论工伤事故的责任方是谁，不论是雇主的疏忽、职工的过失还是第三方的原因，只要伤害发生在工作期间或与工作相关，职工就有资格获得工伤补偿。

3. 风险共担机制

工伤保险通过集中管理的基金，实现了风险的分散和共担，即使个别用人单位无法承担高额的工伤赔偿，社保机构也能确保工伤职工得到及时有效的救助。

4. 工伤保障内容全面

（1）医疗救治：覆盖从急救、门诊到住院治疗的所有医疗费用。

（2）康复服务：提供物理治疗、职业疗法等康复项目，帮助职工尽可能恢复健康和劳动能力。

（3）经济补偿：包括一次性伤残补助金、定期伤残津贴、丧葬补助金和供养亲属抚恤金等。

（4）职业康复：为工伤职工提供职业培训和就业指导，帮助其重新融入劳动力市场。

此处，你还要牢记一点，那就是：即使在极端情况下，如企业破产，工伤职工的合法权益依然受到优先保护。根据我国相关法律，企业在破产清算时，工伤职工的医疗费用、伤残补助金和一次性伤残就业补助金等，将优先于其他债权得到清偿，确保工伤职工的基本权益不受影响。

安全第一，远离工伤，这不仅是《劳动法》对用人单位的硬性要求，还是每位员工应享有的基本权益，这离不开用人单位的全力配合，更离不开每位劳动者的积极参与和自我保护意识的提升。通过共同努力，在《劳动法》的保护下，让每一位劳动者都能够在一个安全、健康的工作环境中发挥潜能，实现个人价值提升与用人单位发展的双赢。

相关法条

《劳动合同法》第四十二条　劳动者有下列情形之一的，用人单位不得依照本法第四十条、第四十一条的规定解除劳动合同：

（一）从事接触职业病危害作业的劳动者未进行离岗前职业健康检查，或者疑似职业病病人在诊断或者医学观察期间的；

（二）在本单位患职业病或者因工负伤并被确认丧失或者部分丧失劳动能力的；

（三）患病或者非因工负伤，在规定的医疗期内的；

……

《劳动法》第七十条　国家发展社会保险事业，建立社会保险制度，设立社会保险基金，使劳动者在年老、患病、工伤、失业、生育等情况下获得帮助和补偿。

第七十三条　劳动者在下列情形下，依法享受社会保险待遇：

……

（三）因工伤残或者患职业病；

……

劳动者死亡后，其遗属依法享受遗属津贴。

劳动者享受社会保险待遇的条件和标准由法律、法规规定。

劳动者享受的社会保险金必须按时足额支付。

绩效评估不公，如何为自己“正名”

苏杨是某知名企业的项目经理，他以极强的专业能力和对工作的热忱赢得了团队成员的尊敬。然而，在最近的一次绩效评估中，苏杨却遭遇了前所未有的挫折——他的评估结果远低于预期，甚至不如一些业绩明显逊色的同事。

起初，苏杨试图理解这一结果，他回顾了自己经手的项目记录，检查是否有遗漏的细节或是否存在沟通上的误会。但很快，他从几位信任的同事那里得知了一个令人震惊的事实：有几位同事工作成绩平平，但绩效评估的得分很高，竟然是因为他们私下给部门经理送了礼。

苏杨感到非常愤怒与失望。他一直认为工作场所是一个公平竞争的环境，能力、努力程度以及工作成果应该是评价一个人在工作中的价值体现的最主要的标准和原则。但现在，他不得不面对一个现实：权力和利益的交换正在侵蚀这个标准和原则。

苏杨试图与人力资源部门沟通，指出这种不公平的评估方式可能导致的道德风险和对企业文化的腐蚀，但他很快发现自己处于孤立无援的境地。更糟糕的是，他的直系领导开始对他采取一系列打压手段，包括减少资源分配、将他从重要项目中移除等，这些手段和行为已经威胁到苏杨的职位安全。

苏杨的例子在现实生活中比较常见。在一个企业中，公平的绩效评估或考核对于确保员工获得应有的认可和回报至关重要。绩效评估出现偏差，不仅影响员工的个人职业发展，还可能触犯《劳动法》。

《劳动法》强调劳动者在同等条件下应享有平等的权利和待遇，遵循按劳分配的原则，实行同工同酬。这意味着绩效评估应基于客观、一致的标准，而非基于个人偏见或非工作相关的因素。所以，如果苏杨的绩效评估结果确实受到了正常关联因素之外的影响，那么其上司的行为很可能违反了《劳动法》中的平等原则。

同时，根据《劳动法》的规定，用人单位应当依法建立和完善规章制度，劳动合同必须约定劳动报酬。一般说来，关于劳动报酬的约定中会包含绩效评估的标准和流程。用人单位规章制度以及劳动合同中应明确列出评估的公正性和透明度方面的内容。这就意味着：用人单位进行绩效评估应该按照劳动合同和用人单位在相关方面的明确的规章制度来进行，如果用人单位未遵循合同约定或内部制订的规则进行评估，劳动者有权依据《劳动法》要求用人单位纠正。

上面的例子中，苏杨的上司可能涉及收受贿赂、滥用职权等。这些行为不仅违犯《劳动法》，还有可能构成刑事犯罪。

在职场中，绩效评估是衡量员工工作表现的重要手段，不仅关系到员工的职业发展和薪资调整，还直接影响员工的工作积极性和职业满意度等。然而，有时，绩效评估可能会因为主观因素、沟通不足或管理失误而出现不公正的情况。

那么，如果遇到绩效评估不公的情况，你应当如何为自己“正名”，维护自身的合法权益呢？

1. 客观分析评估结果

首先，要冷静下来，客观地审视自己的绩效评估报告。对比用人单位的绩效标准和自己的实际工作表现，看看是否存在明显的偏差。如果发现绩效评估结果与事实不符，则可以收集相关的工作成果、项目报告、客户反馈等作为维护自己权益的证据，这些将是你申诉的基础。

2. 寻求直接上级的解释

你可以安排一次与直接上级的面谈，以开放和具有建设性的态度询问绩效评估结果的具体依据和理由。你可以明确表达你的观点和困惑，同时也听取对方的解释。很多时候，误解可以通过沟通消除。

3. 利用内部申诉机制

许多用人单位有内部申诉流程，用于处理员工对绩效评估或其他工作事务的不满等。你可以查阅员工手册或向人力资源部门咨询，了解具体的申诉程序。如果你与上级直接沟通后未能解决问题，或者你觉得你的绩效评估存在明显的偏差，你可以向人力资源部门寻求帮助。按照规定提交正式的申诉申请，并附上你准备的所有证据材料。人力资源部门通常会介入调查，并根据用人单位政策和相关法律法规来判断评估的公正性。

4. 寻求法律咨询

如果通过用人单位的内部解决途径未能取得令你满意的结果，或者你认为在绩效评估的过程中存在严重的歧视或违法情况，你可以考虑向外部寻求法律援助。专业的劳动纠纷律师可以为你提供法律意见，必要时会代表你采取法律行动。

5. 自我提升与改进

无论结果如何，从这样的经历中汲取经验并成长是至关重要的。如果绩效评估指出了一些真实的改进点，那么，则将其视为自我提升的机会。你要持续提高专业技能和个人工作能力，为下一次绩效评估做好准备。

6. 保持职业的态度

在整个过程中，保持专业、理智和尊重的态度至关重要。要避免情绪化的反应，专注于事实和解决方案。记住，你的目标是解决问题，而不是制造冲突。

面对不公平的绩效评估，采取合理的步骤为自己“正名”不仅是对自己负责，还是对公平公正和法治精神的维护。通过合理的方式表达自己的立场，不仅能保护个人权益，还能促进形成更加公平和谐的工作环境。

相关法条

《劳动合同法》第十七条　劳动合同应当具备以下条款：

（一）用人单位的名称、住所和法定代表人或者主要负责人；

（二）劳动者的姓名、住址和居民身份证或者其他有效身份证件号码；

（三）劳动合同期限；

（四）工作内容和工作地点；

（五）工作时间和休息休假；

（六）劳动报酬；

（七）社会保险；

（八）劳动保护、劳动条件和职业危害防护；

（九）法律、法规规定应当纳入劳动合同的其他事项。

劳动合同除前款规定的必备条款外，用人单位与劳动者可以约定试用期、培训、保守秘密、补充保险和福利待遇等其他事项。

《中华人民共和国刑法》第一百六十三条第一款　公司、企业或者其他单位的工作人员，利用职务上的便利，索取他人财物或者非法收受他人财物，为他人谋取利益，数额较大的，处三年以下有期徒刑或者拘役，并处罚金；数额巨大或者有其他严重情节的，处三年以上十年以下有期徒刑，并处罚金；数额特别巨大或者有其他特别严重情节的，处十年以上有期徒刑或者无期徒刑，并处罚金。

第三章

特殊群体保护篇

怀孕、病假、工伤时的合法权益维护

职位晋升，如何跨越“性别鸿沟”

张丽，一位才华出众、充满活力的女性，正效力于一家声名卓著的互联网企业。她凭借不懈的努力和卓越的业绩，屡次荣获“明星员工”的称号，成为同事眼中的榜样。然而，在公司最近一轮的晋升评估中，她遭遇了职业生涯中的一次重大挫折——被公认为属于她的晋升机会被一位无论资历还是业绩均逊色不少的男性同事夺走了。这一结果令原本满怀期待的张丽深感困惑与失落，她的心情跌入了谷底。

某日，张丽无意中听到了公司总经理与另一位经理的私下讨论。总经理虽然对张丽的专业能力和工作态度给予了高度评价，言语中却流露出女性在领导岗位上可能很难做出持续贡献的想法。他直言，张丽已年过三十，未来几年很可能因生育而影响工作。总经理的言论犹如晴天霹雳，让张丽顿悟：原来，在看似公正的晋升机制背后，性别歧视往往左右着决策者的判断。

面对这样的现实，张丽的情绪由最初的震惊转为愤怒。她这才意识到，这场晋升竞争除了个人能力和工作贡献的较量，还被对于性别的刻板印象所左右。她认为，公司这样做不仅是对她个人价值的贬低，更体现了职场对女性的不公平对待。

张丽的经历并非个案。在职场上，当涉及晋升、加薪时，女性往往会遭遇较大的阻碍。这不仅剥夺了优秀的女性应有的职业发展机会，还违背了公平原则。

随着我国法治建设的不断进步，法律体系愈发健全，国家致力于构筑一个公平的职场环境，保障每位劳动者的合法权益，尤为关注女性员工的职场权利。《劳动法》与《中华人民共和国妇女权益保障法》（以下简称《妇女权益保障法》）双剑合璧，共同构建起坚实的法律屏障。这两部法律明确指出劳动者拥有平等就业及自主择业的自由，性别不应成为工作的阻碍或受歧视的理由。

这两部法律的核心精神在于，职场晋升应当遵循透明、公正的原则，评判标准应唯才是举，唯业绩是尊。这意味着，在晋升的竞技场上，每一位员工，不论男女，都站在同一起跑线上，以个人的专业技能、工作表现和实际贡献作为衡量的标准，在职场中享受同等的发展机遇与成长空间。

那么，女职工在晋升时如果遭遇了歧视和不公平的对待，该如何维护自己的合法权益呢？

1．记录和收集证据

（1）详细记录：你要详细记录每次会议、绩效评估等场合的某些体现出性别偏见的细节，记录下日期、时间、地点、参与者以及具体对话内容等。

（2）保存相关文件：你可以保留所有与自己的工作表现、晋升过程有关的文件副本，包括但不限于工作邮件、项目报告、客户反馈、同事评价等。

（3）收集第三方证据：如果有同事、客户或供应商见证了用人单位对你的不公待遇，你可以请求他们书面证明或作证。

2．内部沟通与申诉

（1）正式申诉：你可以查阅用人单位工作手册或政策，按照规定的程序提出书面申诉。你可以明确指出自己所遭遇的性别歧视，并附上相关证据。

（2）与高层沟通：如果用人单位的人力资源部门未能解决问题，你可以向上级领导或高层直接汇报，寻求公正处理。

（3）工会介入：如果你所在的用人单位有工会，你可以寻求工会的支持和协助。

3. 法律咨询与行动

（1）你可以咨询专业的劳动法律师，了解自己的法律权利，以及自己应如何采取下一步行动。

（2）你可以向当地劳动监察大队举报，要求调查自己的遭遇是否存在性别歧视。

（3）如果与用人单位协商不成，你可以申请劳动仲裁。

（4）最后，如果劳动仲裁未果，你可以向法院提起诉讼，要求用人单位承担法律责任，赔偿损失。

4. 社会资源与支持

（1）你可以联系妇女权益保护组织，以获得法律援助、心理支持和指导等。

（2）在合法合规的前提下，你可以考虑通过媒体曝光该事件，引起社会关注，对用人单位形成舆论压力。

5. 心理健康与自我提升

（1）面对性别歧视，你可能会产生情绪波动，必要时可以寻求专业帮助，使自己保持心理健康。

（2）你可以利用业余时间提升个人技能，学习相关知识，增强职业竞争力，为未来的职业发展做准备。

6. 规划职业路径

（1）职业规划：你可以思考是否需要换个工作，去寻找更加公平和包容的工作环境。

（2）构建职业网络：你平时可以建立和维护属于你的职业网络，了解行业动态，为潜在的职业机会做好准备。

但是，你在维权的过程中一定要注意保密性和时间限制。保密性是指你在维权的过程中，要注意保护个人信息和隐私，避免不必要的公开，以免影响后续的法律行动或个人安全。时间限制指的是我国的劳动争议通常设有时间限制，你要确保在规定时间内采取行动，以免错过法律救济的最佳时机。

相关法条

《妇女权益保障法》第四十一条　国家保障妇女享有与男子平等的劳动权利和社会保障权利。

第四十二条　各级人民政府和有关部门应当完善就业保障政策措施，防止和纠正就业性别歧视，为妇女创造公平的就业创业环境，为就业困难的妇女提供必要的扶持和援助。

第四十六条　在晋职、晋级、评聘专业技术职称和职务、培训等方面，应当坚持男女平等的原则，不得歧视妇女。

孕期职场：维护女职工的合法权益

吴丽丽就职于一家知名的动漫公司，担任策划一职。她因卓越的专业能力和创新思维在职场风生水起、广受赞誉。然而，当她宣布怀孕的消息后，她想象中的家庭和事业双丰收的美好画面没有出现，却意外地引发了一场职场悲剧。

公司管理层出于对成本控制和项目进度的考量，做出了一个令人震惊的决定——以“业务调整”为由将怀孕的吴丽丽辞退。公司的这一行为不仅违犯了相关法律法规，还直接触碰了社会伦理底线。在得知自己被辞退的消息后，原本满怀欣喜的吴丽丽遭受了巨大的心理打击，导致不幸流产，身心健康受到了严重伤害。

这件事在公司内部乃至业界引发了轩然大波。舆论的强烈谴责，加之法律的严正审视，使得该公司不得不面对来自多方面的压力。吴丽丽在律师的帮助下，果断提起劳动仲裁，并进一步诉诸法律，要求公司为其遭受的不公正待遇和身心损害承担责任、做出赔偿。

经过一系列法律程序，法院最终裁定该公司存在明显的违法行为，应向吴丽丽支付高额赔偿金，包括但不限于精神损害抚慰金，并要承担因违法解除劳动合同而产生的法律责任。这场官司为吴丽丽伸张了正义，成为行业内一个著名案例。这场官司提醒所有用人单位必须严格遵守《劳动法》，尊重并保障女性员工的基本权益。

在现代社会，女性追求职业发展的同时，还承担着孕育下一代的责任。然而，孕期的女性在职场上可能面临各种挑战，包括体力劳动的限制、工作环境不安全以及职场歧视等。因此，维护孕期女职工的合法权益，不仅是用人单位社会责任的体现，还是构建和谐社会的重要组成部分。

现在，国家和政府已出台多项法律法规，以维护孕期女职工的合法权益。例如，《妇女权益保障法》明确规定了对孕期、产期和哺乳期妇女的特殊保护措施，包括但不限于禁止解雇、调整工作强度和工作环境、提供产假及产假工资等。用人单位应当遵守这些法律，确保孕期女职工的合法权益不受侵害。

我国法律对孕期女职工的保护可以说是全面而细致的，旨在保障女性在怀孕期间的健康与权益，同时确保其工作和职业发展的连续性。这些保护主要体现在以下几个方面。

1．禁止解雇与调岗限制

根据《妇女权益保障法》，用人单位不得以女职工怀孕为由单方解除劳动（聘用）合同或者服务协议；女职工在怀孕以及依法享受产假期间，劳动（聘用）合同或者服务协议期满的，劳动（聘用）合同或者服务协议期限自动延续至产假结束，但是，用人单位依法解除、终止劳动（聘用）合同、服务协议，或者女职工依法要求解除、终止劳动（聘用）合同、服务协议的除外。此外，《女职工劳动保护特别规定》也明确指出，用人单位不得因女职工怀孕、生育、哺乳降低其工资、予以辞退、与其解除劳动或者聘用合同。女职工在孕期不能适应原劳动的，用人单位应当根据医疗机构的证明，予以减轻劳动量或者安排其他能够适应的劳动。

2．产假与哺乳假

（1）产假：根据国家规定，女职工生育享受98天产假，其中产前可以休假15天。生育多胞胎的，每多生育1个婴儿，增加产假15天。部分地区或用人单位还可能提供额外的延长产假福利。

（2）哺乳假：女职工在哺乳期内（一般为孩子1周岁内），每天可享受1小时的哺乳假，用于喂哺婴儿。此时间可以一次性使用，也可以分成两次使用。

3. 孕期工作安排调整

处于孕期的女职工有权要求调整工作强度和工作环境，避免从事可能对胎儿造成伤害的工作。例如，不得安排孕期女职工从事重体力劳动、有毒有害作业、高处作业以及需要频繁弯腰、攀高、下蹲等可能影响胎儿安全的劳动。

4. 社会保险

（1）生育保险：女职工在孕期、产期及哺乳期内，享有生育保险待遇，包括生育医疗费用报销和生育津贴。

生育保险是我国社会保障体系的重要组成部分，旨在为怀孕、分娩及哺乳期的女职工提供经济保障和医疗服务。由用人单位和女性职工共同缴纳保费，用于支付女职工在生育过程中的医疗费用和产假期间的经济补偿。

生育保险是保障女职工生育权益的重要制度，不仅能减轻女职工在生育过程中的经济负担，还体现了社会对女性健康和家庭福祉的关注与支持，希望大家都能够予以重视。

（2）失业保险：若因用人单位原因导致女职工在孕期失业，女职工有权获得失业保险金。

5. 职业培训与复职保障

为了保证女职工在休完产假后能够顺利回归工作岗位，用人单位应为其提供必要的职业培训机会。同时，在产假期满后，女职工有权返回原岗位或在同等条件的岗位继续工作，不得因此遭受职业歧视。

6. 法律援助与投诉机制

如果孕期女职工认为自己的合法权益受到侵害，可以向工会、劳动监察部门等组织和机构寻求帮助，维护自己的合法权益。政府设立的法律援助机构也会为符合条件的女职工提供免费的法律咨询服务。

总之，我国的法律旨在通过一系列具体规定，为孕期女职工创造一个健康、安全、无歧视的工作环境，确保女职工在怀孕和育儿过程中能够得到充分的关怀与支持，体现了国家对女性劳动者权益的高度重视。

相关法条

《劳动合同法》第四十二条 劳动者有下列情形之一的，用人单位不得依照本法第四十条、第四十一条的规定解除劳动合同：

…………

（四）女职工在孕期、产期、哺乳期的；

…………

《劳动法》第六十一条 不得安排女职工在怀孕期间从事国家规定的第三级体力劳动强度的劳动和孕期禁忌从事的劳动。对怀孕七个月以上的女职工，不得安排其延长工作时间和夜班劳动。

第六十二条 女职工生育享受不少于九十天的产假。

第六十三条 不得安排女职工在哺乳未满一周岁的婴儿期间从事国家规定的第三级体力劳动强度的劳动和哺乳期禁忌从事的其他劳动，不得安排其延长工作时间和夜班劳动。

《妇女权益保障法》第四十七条 用人单位应当根据妇女的特点，依法保护妇女在工作和劳动时的安全、健康以及休息的权利。

妇女在经期、孕期、产期、哺乳期受特殊保护。

第四十八条　用人单位不得因结婚、怀孕、产假、哺乳等情形，降低女职工的工资和福利待遇，限制女职工晋职、晋级、评聘专业技术职称和职务，辞退女职工，单方解除劳动（聘用）合同或者服务协议。

女职工在怀孕以及依法享受产假期间，劳动（聘用）合同或者服务协议期满的，劳动（聘用）合同或者服务协议期限自动延续至产假结束。但是，用人单位依法解除、终止劳动（聘用）合同、服务协议，或者女职工依法要求解除、终止劳动（聘用）合同、服务协议的除外。

《女职工劳动保护特别规定》第五条　用人单位不得因女职工怀孕、生育、哺乳降低其工资、予以辞退、与其解除劳动或者聘用合同。

第六条　女职工在孕期不能适应原劳动的，用人单位应当根据医疗机构的证明，予以减轻劳动量或者安排其他能够适应的劳动。

对怀孕7个月以上的女职工，用人单位不得延长劳动时间或者安排夜班劳动，并应当在劳动时间内安排一定的休息时间。

怀孕女职工在劳动时间内进行产前检查，所需时间计入劳动时间。

第七条　女职工生育享受98天产假，其中产前可以休假15天；难产的，增加产假15天；生育多胞胎的，每多生育1个婴儿，增加产假15天。

女职工怀孕未满4个月流产的，享受15天产假；怀孕满4个月流产的，享受42天产假。

第八条　女职工产假期间的生育津贴，对已经参加生育保险的，按照用人单位上年度职工月平均工资的标准由生育保险基金支付；对未参加生育保险的，按照女职工产假前工资的标准由用人单位支付。

女职工生育或者流产的医疗费用，按照生育保险规定的项目和标准，对已经参加生育保险的，由生育保险基金支付；对未参加生育保险的，由用人单位支付。

产假归来，职场妈妈如何“华丽回归”

随着社会对女性角色多样性的认同加深，越来越多的职场女性在成为母亲后选择重返工作岗位，追求事业与家庭的双重成就感。然而，产假之后，从身体的恢复到心理调适，从家庭与工作的平衡到职场技能的更新，女性往往面临诸多挑战。

（1）身体的恢复。女性在生育后，身体的恢复需要一段时间，包括体力、精力和睡眠模式的调整等。

（2）心理调适。产后的女性重返职场后，需要时间重新适应工作节奏以及工作环境可能带给自己的压力。她们常担心错过孩子成长的重要时刻等，需要调整心态。

（3）家庭与工作的平衡。既需要确保能高效高质地完成工作任务，又需要兼顾家庭与生活。

（4）职场技能的更新。长期休假可能导致职业技能生疏或行业知识过时。

（5）职业发展。重返职场可能面临升职机会减少或被边缘化的风险。

（6）社会支持系统的缺乏。职场缺乏灵活的工作安排，家或职场附近没有托儿服务，以及同事的不理解可能给产后的女性增加压力。

如果你是一名生育后的女性，重回职场时，要如何调整身心，实现“华丽回归”呢?

1. 身心都做好准备

（1）生理恢复。你可以利用产假的最后几周专注于恢复身体，确保自己在回归职场前身心都达到最佳状态。同时也要及时安排产后复查，及时处理可能存在的健康问题，比如产后抑郁或身体不适等。

（2）心理调适。你可以与家人沟通，确保他们理解你的决定，争取他们的支持；同时你也可以参加产后的心理辅导或小组活动，与其他职场妈妈交流心得，减轻焦虑感。

2. 提前规划，无缝对接

你可以在自己产假结束前，与上司或团队成员沟通，了解你离开期间的工作进展，制订回归职场后的优先事项清单。如果可能，你也可以安排一次提前回访，熟悉新的工作环境或流程变化。

3. 家庭安排

你需要提前规划对孩子的日常照看工作，无论是请家人帮忙、雇保姆还是送孩子去托儿所，要确保有一套安全稳定的方案。

你也可以与配偶讨论家务分配，双方共同承担家庭责任，以减轻个人压力。

4. 技能升级与社交网络拓展

（1）持续学习：你可以参加在线课程或专业研讨会，保持对行业动态和技术发展的敏感度；你也可以阅读行业报告和最新资讯，确保自己的知识体系与市场发展同步。

（2）利用社交资源：你可以加入职场妈妈社群或专业团体，不仅可以获取实用信息，还能建立职业方面的联系。同时，你也可以定期参加行业聚会或网络会议，让自己在职业圈内保持可见度。

5. 弹性工作与时间管理

（1）寻求弹性工作制度：你可以与用人单位讨论灵活的工作安排，比如远程工作、弹性上下班时间或压缩工作周。

同时你也可以明确表达希望如何平衡工作与家庭，提出可行的解决方案。

（2）时间管理技巧：你可以学习高效的时间管理方法，比如番茄工作法或优先级矩阵，提高工作效率。你也可以设置清晰的工作与生活界限，避免过度加班，确保有足够的时间陪伴家人，并使自己得到放松。

6. 自我关怀与目标设定

（1）重视自我关怀：你要重视自己的情绪、感受以及身体健康，定期安排时间运动、冥想或发展自己的其他兴趣爱好。记住，只有先照顾好自己，才能更好地照顾他人和完成工作任务。

（2）设定职业目标：你可以为自己设定短期和长期职业目标，这有助于保持工作的动力和方向。同时，还要定期评估工作和职业发展的进度，必要时调整策略，保持职业路径规划的灵活性。

结合《劳动法》，你产假归来并实现“华丽回归”的过程可以更有策略性和合法性。以下是基于《劳动法》及相关规定，让你在法律框架内优雅地回归职场的建议。

1. 理解并利用《劳动法》赋予的权利

《劳动法》以及相关法律制度在女职工孕期保护方面有诸多规定，比如产假与哺乳假、生育津贴制度、孕期禁止解雇与调岗限制等，这些都在前文有过详细介绍，此处不再赘述。

同时，《女职工劳动保护特别规定》中有明文规定，女职工比较多的单位应当根据女职工的需要，建立女职工卫生室、孕妇休息室、哺乳室等设施，妥善解决女职工在生理卫生、哺乳方面的困难。建议你多多了解，如果遇到不公正对待，你有权依据相关法律规定维护自己的合法权益。

2. 要求职业培训与复职保障

（1）职业培训：依据《劳动法》和《妇女权益保障法》，在职业培训方面，用人单位应建立培训制度，且支持男女平等的原则。所以，女职工在产假期间或回归后有权接受职业培训，以确保其技能与行业发展保持同步。职场妈妈应主动要求参与用人单位内部或外部的培训项目，提升个人能力。

（2）复职保障：产假期满后，女职工有权利返回原岗位或同等条件的岗位继续工作，不得因此遭受职业歧视。如果你产假期满后复职遇到困难，你可以寻求工会或劳动监察部门的帮助。

3. 法律援助与申诉渠道

如果在回归职场过程中遭遇不公，如被非法解雇、降薪或遭受性别歧视，你有权寻求法律援助，包括向当地劳动监察部门投诉、申请劳动仲裁或向法院提起诉讼等。

通过上述策略，你不仅能够“华丽回归”，还能在职场上展现出更强大的韧性与魅力。记住，法律是你最坚实的后盾，它为每一位努力奋斗的母亲提供了坚实的支撑。

相关法条

《劳动法》第六十三条　不得安排女职工在哺乳未满一周岁的婴儿期间从事国家规定的第三级体力劳动强度的劳动和哺乳期禁忌从事的其他劳动，不得安排其延长工作时间和夜班劳动。

《女职工劳动保护特别规定》第三条　用人单位应当加强女职工劳动保护，采取措施改善女职工劳动安全卫生条件，对女职工进行劳动安全卫生知识培训。

第十条　女职工比较多的用人单位应当根据女职工的需要，建立女职工卫生室、孕妇休息室、哺乳室等设施，妥善解决女职工在生理卫生、哺乳方面的困难。

附录：女职工禁忌从事的劳动范围

…………

三、女职工在孕期禁忌从事的劳动范围：

（一）作业场所空气中铅及其化合物、汞及其化合物、苯、镉、铍、砷、氰化物、氮氧化物、一氧化碳、二硫化碳、氯、己内酰胺、氯丁二烯、氯乙烯、环氧乙烷、苯胺、甲醛等有毒物质浓度超过国家职业卫生标准的作业；

（二）从事抗癌药物、己烯雌酚生产，接触麻醉剂气体等的作业；

（三）非密封源放射性物质的操作，核事故与放射事故的应急处置；

（四）高处作业分级标准中规定的高处作业；

（五）冷水作业分级标准中规定的冷水作业；

（六）低温作业分级标准中规定的低温作业；

（七）高温作业分级标准中规定的第三级、第四级的作业；

（八）噪声作业分级标准中规定的第三级、第四级的作业；

（九）体力劳动强度分级标准中规定的第三级、第四级体力劳动强度的作业；

（十）在密闭空间、高压室作业或者潜水作业，伴有强烈振动的作业，或者需要频繁弯腰、攀高、下蹲的作业。

四、女职工在哺乳期禁忌从事的劳动范围：

（一）孕期禁忌从事的劳动范围的第一项、第三项、第九项；

（二）作业场所空气中锰、氟、溴、甲醇、有机磷化合物、有机氯化合物等有毒物质浓度超过国家职业卫生标准的作业。

病假，该如何申请才能“养病无忧”

在繁忙的工作节奏中，保持良好的健康状态至关重要。然而，当身体不适时，适时地休息和治疗不仅对康复至关重要，也是维护职场健康文化的重要一环。因身体不适需要休息、治疗时，合理申请病假不仅是对自己负责，也是遵守《劳动法》的表现。《劳动法》及相关法规为劳动者提供了必要的保障，确保劳动者在生病时能够得到适当的休息。本文将依据《劳动法》及相关规定，指导劳动者在生病时正确申请病假，确保“养病无忧”。

当你生病时，你可以采取以下方式来请假和维护自己的合法权益。

1. 了解《劳动法》中关于病假的基本权利

根据《企业职工患病或非因工负伤医疗期规定》，员工因病或非因工负伤需要治疗休息时，有权享受病假。具体来说：

（1）医疗期：员工因患病或非因工负伤需要停止工作医疗时，根据本人实际参加工作年限和在本单位工作年限，用人单位可以给予3个月到24个月的医疗期。

（2）工资待遇：在规定的医疗期内，用人单位应支付病假工资或疾病救济费，病假工资或疾病救济费可以低于当地最低工资标准支付，但不能低于当地最低工资标准的80%。

2. 正确提交病假申请

（1）提供医疗证明。当你需要请病假时，首先应前往医院就诊，获得医生出具的疾病诊断书或病假条，这是申请病假的必备文件。

（2）遵循用人单位的程序。查阅用人单位员工手册或相关规章制度，了解病假申请的具体流程，包括通知方式、需提交的材料以及审批时间。尽快通知直接上级或人力资源部门，说明病情及预计的病假期限。

3. 保持沟通与记录

（1）定期沟通以及更新假条。在病假期间，如果病情发生变化，应及时就医并更新病假条，同时通知用人单位。应与人力资源部门或直接上级沟通，向其告知病情发展情况，避免不必要的误会。

（2）保留证据。保存好所有与病假相关的医疗记录、病假条和通信记录，以备后续可能进行的核查或争议解决。

4. 注意病假期间的行为

（1）病假期间应专心于恢复健康，避免参加与恢复健康无关的活动，以免影响病假的正当性。

（2）不要在社交媒体上发布与病假不相符的信息，以免给用人单位留下不良印象。比如有的人在病假期间发布诸多自己的旅行视频，看起来在度假，而非在养病。

5. 准备与评估

（1）健康评估。在病假结束前，进行健康评估，确保身体状况适合复工。如有需要，可向医生咨询是否需要延长病假。然后与人力资源部门沟通，了解复工流程，包括是否需要提交健康证明或进行复工评估。若需延长病假，要和人力资源部门协商。

（2）心理准备。病假归来，你可能会面临工作积压或职场环境变化，你需要提前做好心理准备，必要时寻求同事或专业心理咨询师的支持。

综上所述，正确申请和使用病假是每位员工应有的权益，同时也是遵守《劳动法》的表现。通过遵循上述步骤，你不仅能够安心养病，还能维护自己良好的职场形象，确保病假期间的权益得到保障。记住，健康是第一生产力，合理利用病假，能让自己恢复健康后，以更好的状态重返工作岗位。

相关法条

《企业职工患病或非因工负伤医疗期规定》第三条　企业职工因患病或非因工负伤，需要停止工作医疗时，根据本人实际参加工作年限和在本单位工作年限，给予三个月到二十四个月的医疗期：

（一）实际工作年限十年以下的，在本单位工作年限五年以下的为三个月；五年以上的为六个月。

（二）实际工作年限十年以上的，在本单位工作年限五年以下的为六个月；五年以上十年以下的为九个月；十年以上十五年以下的为十二个月；十五年以上二十年以下的为十八个月；二十年以上的为二十四个月。

第四条　医疗期三个月的按六个月内累计病休时间计算；六个月的按十二个月内累计病休时间计算；九个月的按十五个月内累计病休时间计算；十二个月的按十八个月内累计病休时间计算；十八个月的按二十四个月内累计病休时间计算；二十四个月的按三十个月内累计病休时间计算。

第五条　企业职工在医疗期内，其病假工资、疾病救济费和医疗待遇按照有关规定执行。

《关于贯彻执行〈中华人民共和国劳动法〉若干问题的意见》第五十九条　职工患病或非因工负伤治疗期间，在规定的医疗期间内由企业按有关规定支付其病假工资或疾病救济费，病假工资或疾病救济费可以低于当地最低工资标准支付，但不能低于最低工资标准的80%。

遭遇企业重组，员工的合法权益如何不被“遗忘”

在经济形势下行的背景下，企业重组或破产事件频发，员工权益受到侵害的事件时有发生。在这样的情况下，员工的工资、福利以及未来就业等成为急需重视和解决的问题。

企业破产对员工来说是个大麻烦，因为这可能意味着工作没了，应得的工资和福利也拿不到。而《中华人民共和国企业破产法》(以下简称《企业破产法》)里有些规定，就是为了保护普通员工应得的工资和权益不会随风飘散。

有些企业即便破产了，也会留下一些资产，比如土地、厂房、设备等，这些资产被拍卖后可以进行分配。关于分配方式，法律有明确规定。

（1）先付“公家”的账：破产过程中的各种费用（破产费用）和为了大家的利益而产生的费用，比如破产案件的诉讼费、管理费用等，以及人民法院受理破产申请后，为了全体债权人的共同利益以及破产程序顺利进行而发生的债务（共益债务），这类费用要优先清偿。

（2）员工工资和生活保障优先：接下来，要发员工的工资，以及医疗、伤残补助，抚恤金之类的费用。这是为了员工的生活还有基本保障，不至于生活无着落。

（3）保住养老和医保：然后，用人单位要把欠员工的养老保险和医疗保险的钱补上，毕竟这些钱是基础保障和救命钱。

（4）经济补偿不能少：最后，用人单位还需要给员工一笔经济补偿金。

通过上述分配顺序，法律尽可能地保护破产企业员工的基本权益。虽然企业破产是件令人难过的事情，但有了这些相关规定，员工在不幸中至少还能得到些许安慰和希望。

那么，作为普通员工，如果你就职的企业不慎破产了，你应该怎样做呢？

1. 及时申报债权

一旦企业进入破产或重组程序，员工应立即向法院选定的破产管理人申报自己的债权，包括未发放的工资、奖金、加班费、经济补偿金等。申报时应准备充分的证据，如劳动合同、工资条等。

2. 积极参与破产程序

员工有权参与破产程序，包括出席债权人会议，了解破产进展，对破产财产的处置提出意见，监督破产管理人的工作，确保破产财产的分配符合法律规定。

3. 寻求专业的法律援助

在复杂的破产重组过程中，员工可以寻求专业的法律援助，通过法律途径维护自己的合法权益。律师也可以帮助员工理解法律条款，指导员工申报债权，必要时代表员工在法庭上争取权益。

4. 利用社会保障体系

除了受到《企业破产法》的保护，企业员工还可以利用失业保险、工伤保险等社会保障体系，申请相应的救济金，减轻生活压力，同时积极寻找新的就业机会。

面对企业重组或破产的挑战，员工需要主动采取措施，了解并运用法律赋予的权利，确保在企业的变动中自己的合法权益不会被“遗忘”。同时，政府和社会应加强监管，为员工在企业破产、重组过程中维护自己的合法权益提供坚实有力的支持。构建一个更加公平、透明、有韧性的劳动市场环境，是全社会共同的责任。

相关法条

《关于贯彻执行〈中华人民共和国劳动法〉若干问题的意见》第七十三条　企业实施破产时，按照国家有关企业破产的规定，从其财产清产和土地转让所得中按实际需要划拨出社会保险费用和职工再就业的安置费。其划拨的养老保险费和失业保险费由当地社会保险基金经办机构和劳动部门就业服务机构接收，并负责支付离退休人员的养老保险费用和支付失业人员应享受的失业保险待遇。

《企业破产法》第一百一十三条　破产财产在优先清偿破产费用和共益债务后，依照下列顺序清偿：

（一）破产人所欠职工的工资和医疗、伤残补助、抚恤费用，所欠的应当划入职工个人账户的基本养老保险、基本医疗保险费用，以及法律、行政法规规定应当支付给职工的补偿金；

（二）破产人欠缴的除前项规定以外的社会保险费用

和破产人所欠税款；

（三）普通破产债权。

破产财产不足以清偿同一顺序的清偿要求的，按照比例分配。

破产企业的董事、监事和高级管理人员的工资按照该企业职工的平均工资计算。

第四章

离职篇

好聚好散，拒绝“撕破脸”

被用人单位无故裁员，你的权利有哪些

小李是一位在IT行业工作了5年的资深工程师，每天早晨，他都会充满激情地踏入办公室，迎接新一天的挑战。然而，这天，当他像往常一样走进办公室时，却发现自己熟悉的工位空荡荡的，桌面上的个人物品也不见踪影。一阵愕然之后，小李被告知，他上了公司的裁员名单，个人物品已被人力资源部门清理、打包，而这一切，小李没有收到任何预告。

小李的经历并非个例。在经济波动、战略调整或业务萎缩的背景下，裁员成为常见现象。很多时候，员工在毫无防备的情况下突然被告知将被解雇，这对于员工的个人职业生涯以及心理无疑是巨大的打击。

在职场中，收到突如其来的裁员通知无疑像是遭遇一场风暴，可能让许多人心生惶恐。然而，在这艰难的时刻，了解并行使自己的权利，不仅是对自己职业生涯负责，也是对抗不公平待遇的有力武器。根据《劳动合同法》及相关法律法规，以下是员工被裁员时享有的一些基本权利。

1. 被提前通知权

当用人单位因经营、经济原因而非员工个人过失进行裁员时，必须提前30天书面通知员工，或额外支付一个月的工资作为代通知金。这旨在给予员工足够的时间来调整个人计划，寻找新的工作机会。

2. 经济补偿权

对于非因员工过错导致的裁员，用人单位应依法给予员工经济补偿。具体标准为：每满一年工作期，用人单位需支付一个月工资的补偿；若工作期在六个月以上但不满一年的，按一年计算；工作不满六个月的，则支付半个月工资作为经济补偿。这些补偿旨在帮助员工缓解突然失业带来的经济压力。

3. 优先留用权

在裁员过程中，用人单位应当优先保留那些签订了较长期限固定期限劳动合同的员工、与本单位订立无固定期限劳动合同的员工以及家庭中无其他就业成员，且有需要扶养的老人或未成年人的员工。这一规定体现了对弱势群体的特别保护。

4. 重新录用权

若用人单位在六个月内重新招聘，应优先通知并考虑重新雇佣之前被裁减的员工，只要双方在同等条件下协商一致。这一权利有助于员工在用人单位情况好转时有机会回归原岗位。

5. 法律救济权

如果企业违反相关法律法规进行裁员，员工有权采取法律手段维护自身的合法权益。首先，员工可向当地劳动监察大队投诉，请求介入调查；其次，员工可向仲裁委员会申请仲裁，寻求公正的裁决；最后，若对仲裁结果不满意，员工还可向法院提起诉讼，要求司法救济。

面对无故或不合理裁员，沉默不应是员工的唯一选择。了解并运用上述权利，员工不仅能够保护自己免受不公待遇，也能为职场带来正面影响。在维权过程中，员工可以寻求专业的法律帮助，与工会或同事联合行动，以增强谈判力量，提高胜诉的概率。请记住，法律是我们的坚实后盾，我们要勇敢地为自己争取应得的权益。在困难面前，团结与知识将是我们最宝贵的力量和财富。

相关法条

《劳动合同法》第四十条　有下列情形之一的，用人单位提前三十日以书面形式通知劳动者本人或者额外支付劳动者一个月工资后，可以解除劳动合同:

（一）劳动者患病或者非因工负伤，在规定的医疗期满后不能从事原工作，也不能从事由用人单位另行安排的工作的;

（二）劳动者不能胜任工作，经过培训或者调整工作岗位，仍不能胜任工作的;

（三）劳动合同订立时所依据的客观情况发生重大变化，致使劳动合同无法履行，经用人单位与劳动者协商，未能就变更劳动合同内容达成协议的。

第四十一条　有下列情形之一，需要裁减人员二十人以上或者裁减不足二十人但占企业职工总数百分之十以上的，用人单位提前三十日向工会或者全体职工说明情况，听取工会或者职工的意见后，裁减人员方案经向劳动行政部门报告，可以裁减人员：

（一）依照企业破产法规定进行重整的；

（二）生产经营发生严重困难的；

（三）企业转产、重大技术革新或者经营方式调整，经变更劳动合同后，仍需裁减人员的；

（四）其他因劳动合同订立时所依据的客观经济情况发生重大变化，致使劳动合同无法履行的。

裁减人员时，应当优先留用下列人员：

（一）与本单位订立较长期限的固定期限劳动合同的；

（二）与本单位订立无固定期限劳动合同的；

（三）家庭无其他就业人员，有需要扶养的老人或者未成年人的。

用人单位依照本条第一款规定裁减人员，在六个月内重新招用人员的，应当通知被裁减的人员，并在同等条件下优先招用被裁减的人员。

第八十七条　用人单位违反本法规定解除或者终止劳动合同的，应当依照本法第四十七条规定的经济补偿标准的二倍向劳动者支付赔偿金。

离职的经济补偿金，如何“一分不少”地拿到

在职业生涯中，离职是不可避免的环节之一，不论是因用人单位的过错主动离职还是被裁员，获得经济补偿金是劳动者在合同解除或终止时的个人权益。本小节将详细解读经济补偿金的定义、触发条件、计算方法以及如何确保全额领取，同时提供在遇到相关问题时的应对策略。

1. 什么是经济补偿金?

经济补偿金是指在劳动者无过失的情况下，劳动合同解除或终止时，用人单位依法一次性支付给劳动者的经济补助。根据《劳动合同法》的相关规定，用人单位与劳动者解除劳动合同

或终止劳动合同时，应当给予劳动者经济补偿。这是一种对劳动者在用人单位服务期间所付出劳动的肯定和补偿，旨在保障劳动者在失去工作后的基本生活。

2. 触发经济补偿金的情形

（1）裁员：用人单位因经营状况不佳等原因进行裁员时，应向被裁劳动者支付经济补偿金。

（2）合同到期不续签：如果用人单位决定不再与劳动者续签劳动合同，应向劳动者支付经济补偿金。

（3）企业违法解除合同：如用人单位单方面无正当理由解除劳动合同，劳动者有权要求经济补偿。

（4）劳动者因用人单位原因解除合同：如果用人单位违反劳动合同约定，如未按时足额支付工资等，劳动者有权解除合同并要求经济补偿。

3. 经济补偿金的计算方法

经济补偿金的计算依据是劳动者在本单位的工作年限，以每满一年支付一个月工资的标准向劳动者支付经济补偿。工作六个月以上不满一年的，按一年计算；不满六个月的，支付半个月工资作为经济补偿。这里的工资指的是劳动者在劳动合同解除或者终止前十二个月的平均工资。

4. 如何确保“一分不少”地拿到经济补偿金?

（1）保留证据：你要保存劳动合同、工资条、银行流水等能够证明工作年限和工资标准的相关文件。

（2）核对计算：你可以对照上文的计算方法，自行计算应得的经济补偿金总额，确保数额正确。

（3）协商解决：你可以与用人单位沟通，要求其按照法律规定支付经济补偿金。大多数情况下，通过友好协商可以解决问题。

（4）法律援助：如果用人单位拒绝支付经济补偿金或支付不足，你可以寻求法律援助，通过劳动仲裁或诉讼等方式维护自己的合法权益。

5. 如果拿不到应得的经济补偿金，如何维权?

（1）向劳动监察大队举报：你可以向当地的劳动监察大队投诉，由政府部门介入调查，督促用人单位履行义务。

（2）申请劳动仲裁：你可以向仲裁委员会申请仲裁，这是解决劳动争议的法律途径之一。

（3）提起诉讼：如果你对仲裁结果不满意，可以向人民法院提起诉讼，通过司法程序维护自己的合法权益。

你在因用人单位的过错离职时，拿到应得的经济补偿金不仅是法律赋予的权利，还是对自己努力工作的尊重。通过了解相关规定，掌握正确的计算方法，采取有效措施，可以避免权益受损，确保一分不少地拿到经济补偿金。在职场上一旦遭遇纠纷，勇于维权，利用法律武器维护自己的正当权益，是每个职场人应有的态度。

相关法条

《劳动合同法》第四十七条　经济补偿按劳动者在本单位工作的年限，每满一年支付一个月工资的标准向劳动者支付。六个月以上不满一年的，按一年计算；不满六个月的，向劳动者支付半个月工资的经济补偿。

劳动者月工资高于用人单位所在直辖市、设区的市级人民政府公布的本地区上年度职工月平均工资三倍的，向其支付经济补偿的标准按职工月平均工资三倍的数额支付，向其支付经济补偿的年限最高不超过十二年。

本条所称月工资是指劳动者在劳动合同解除或者终止前十二个月的平均工资。

离职证明的重要性与获取技巧

在职业生涯中，离职证明如同一张官方背书的“毕业证书”，不仅标志着你的一段工作经历的结束，更是你开启新职业篇章的钥匙。离职证明不仅是用人单位对劳动者在职期间工作经历的正式确认，也是劳动者享受后续就业、社保转移、失业保险申领等权益的重要凭证。

1．离职证明的重要性

（1）证明工作经历：离职证明是证明员工曾在某用人单位任职的正式文件，它也是求职者在求职时可以向雇主展示的职业履历之一。

（2）保障权益：一些业务的办理，如申请失业保险、转移社保、提取公积金等，离职证明是必要的证明材料。

（3）消除就业障碍：部分用人单位要求求职者提供前用人单位为其开具的离职证明，以确认求职者与上一家用人单位不存在劳动纠纷，避免潜在的法律风险。

（4）信用背书：一份正式的离职证明，尤其是附带良好工作表现评价的离职证明，可以增强个人的职场信誉，有利于未来的求职和职业发展。

2. 获取离职证明的方式

（1）提前沟通：在决定离职时，你应尽早与人力资源部门沟通，了解离职流程及所需材料，确保用人单位能为你顺利开具离职证明。

（2）正式申请：提交书面离职申请时，你要明确提出开具离职证明的要求，包括期望的离职日期等具体需求。

（3）确认内容：你要确保离职证明中包含完整的信息，如入职和离职日期、职位、工作表现评价等，以及要有用人单位的正式印章。

（4）跟进进度：离职过程中，你要与人力资源部门的相关人员保持联系，了解离职证明的开具进度，避免因疏忽而延误。

（5）备份与保管：收到离职证明后，你应妥善保存原件，并复印多份，以防遗失或损坏，影响后续使用。

根据《劳动合同法》的规定，用人单位应当在解除或者终止劳动合同时出具解除或者终止劳动合同的证明，并在十五日内为劳动者办理档案和社会保险关系转移手续。如果用人单位拒不提供离职证明，那么你有权向当地劳动监察大队投诉，或通过仲裁委员会申请仲裁，以维护自己的合法权益。

离职证明不仅是职场转换时所需的重要文件，更是《劳动合同法》赋予每位员工的权益保障。通过上述方式，你可以从容地办理离职手续，确保自己的劳动权益不受损害。你在职场的每一次变动中，都应以合法合规的方式结束旧章，开启新篇，为自己赢得更广阔的职业前景。

相关法条

《劳动合同法》第五十条　用人单位应当在解除或者终止劳动合同时出具解除或者终止劳动合同的证明，并在十五日内为劳动者办理档案和社会保险关系转移手续。

劳动者应当按照双方约定，办理工作交接。用人单位依照本法有关规定应当向劳动者支付经济补偿的，在办结工作交接时支付。

用人单位对已经解除或者终止的劳动合同的文本，至少保存二年备查。

“跳槽”后签订劳动合同的注意事项

跳槽，作为职场人士追求个人职业成长和更好发展的常见策略，往往伴随着与新雇主签订劳动合同的重要环节。劳动合同不仅是劳动者与用人单位双方在权利与义务方面的法律约定，也是劳动者权益的重要保障。你在跳槽后与新的用人单位签订劳动合同时，根据《劳动合同法》等相关法律法规，以下几点深度考量尤为关键，以确保合同内容公正，以及个人权益能得到全面保护。

1. 劳动合同的类型与期限：明确与选择

劳动合同分为固定期限劳动合同、无固定期限劳动合同和以完成一定工作任务为期限的劳动合同三种类型。选择劳动合同类型时，你应考虑个人职业规划的稳定性与灵活性。无固定期限合同通常为最佳选择，因其确保了职业发展的长期稳定性，减少了劳动合同到期后你可能面临的就业的不确定性。

2. 工作内容与职责：清晰与匹配

要确保劳动合同中详细列明工作职责、岗位描述和工作地点等信息，这些信息应与招聘广告中所写的或与面试交流时商定的一致，避免未来因工作性质或工作地点改变而产生争议。同时，合同中应明确工作成果的衡量标准，以便于今后绩效评估工作顺利进行。

3. 薪酬与福利：透明与保障

（1）薪酬结构：劳动合同中应明确基本工资、绩效奖金、加班费、年终奖等各项收入的具体数额和发放规则，确保薪酬透明化。

（2）福利待遇：你要了解并确认用人单位提供的福利，包括但不限于社会保险（五险等）、住房公积金、年假、病假、培训机会、其他健康保险、员工活动等，确保福利待遇与行业标准或你之前面试时所确定的相符。

4. 工作时间和休息休假：平衡与合规

（1）工作时长：合同中应明确工作日的工作时长、工作周的天数，以及加班政策和加班费的计算方式等，确保符合《劳动法》规定的工时标准。

（2）休息休假：确认年假、法定假日、病假、事假等休假天数及请假流程，了解扣薪规则，确保个人的休息权利得到保障。

5. 试用期与转正：条件与流程

你要了解试用期的期限（最长不得超过6个月）、考核标准、转正流程及试用期工资等的规定（不得低于本单位相同岗位最低档工资或者合同约定工资的80%，并不得低于用人单位所在地的最低工资标准）。同时要确保试用期条款公平合理，避免在试用期受到不公正对待。

6. 保密与竞业限制：审慎与评估

合同中的保密协议和竞业限制条款可能限制你在离职后一段时间内加入竞争对手的公司或从事相关行业。你要评估这些条款对你未来职业发展的潜在影响，确保其合理性与合法性。

7. 劳动合同解除与违约责任：明确与保护

劳动合同中应明确双方在何种情况下可以解除合同，包括提前通知期、经济补偿金的计算方式以及违约责任等。了解这些条款，有助于你在合同解除或终止时维护自己的合法权益。

8. 争议解决机制：预见与准备

劳动合同中应包含解决争议的条款，明确双方在发生劳动争议时的解决途径，包括协商、调解、仲裁或诉讼的流程，以及适用的法律和管辖法院，确保在发生纠纷时有明确的法律依据和解决途径。

9. 法律咨询与劳动合同审查：专业与保障

在签订劳动合同前，最好咨询劳动法律师或专业人士，对合同进行审查。律师可以提供专业的法律意见，帮助识别和修正可能存在的不公平条款，确保合同内容符合相关法律法规，以维护我们的合法权益。

10. 劳动合同保管与备份：谨慎与持久

劳动合同副本是日后解决劳动争议的重要法律依据，你要确保自己持有劳动合同的完整副本，包括电子版和纸质版，并要妥善保管。

跳槽后签订劳动合同是职业生涯一个重要的里程碑，它不仅标志着新的工作阶段开始，还关乎个人权益的长远保障。通过深度剖析合同条款，结合专业的法律咨询，可以确保合同内容公正、透明，为个人在新环境、新岗位上的职业发展奠定坚实的基础。记住，一份公平、内容详尽的劳动合同是良好的雇主—雇员关系的基石，也是个人职场安全感的重要来源。

相关法条

《劳动合同法》第十一条 用人单位未在用工的同时订立书面劳动合同，与劳动者约定的劳动报酬不明确的，新招用的劳动者的劳动报酬按照集体合同规定的标准执行；没有集体合同或者集体合同未规定的，实行同工同酬。

第十二条 劳动合同分为固定期限劳动合同、无固定期限劳动合同和以完成一定工作任务为期限的劳动合同。

第五章

权益保护篇

遭遇不公，该怎样“披荆斩棘”

进行内部沟通是化解职场争议的第一步

在职场中，由于个性差异、工作风格、沟通不畅等多种因素，有时难免出现一些争议。当职场出现争议时，最有效的做法往往是进行内部沟通，即在组织内部尝试通过沟通解决问题，而不是立刻寻求外部干预或法律途径等。

为什么要这样做呢？

一是因为“和为贵”的原则与理念。直接的冲突和公开的争执可能会破坏团队的和谐氛围，影响同事之间以及劳动者与用人单位的长期合作关系。

二是因为直接诉诸法律或其他外部干预可能会导致双方关系彻底破裂，造成无法挽回的局面。内部沟通提供了让双方充分沟通的机会。

三是法律诉讼通常不仅消耗时间和金钱，还可能对用人单位的声誉造成负面影响。相比之下，内部沟通的成本较低，可以更快地解决问题，同时保护用人单位免受不必要的关注和负面影响。

四是《中华人民共和国劳动争议调解仲裁法》(以下简称《劳动争议调解仲裁法》）也鼓励大家一旦发生劳动争议，双方可以先进行协商，协商不成或不愿协商的，再由劳动争议仲裁委员会予以调解，调解失败才加以仲裁。

五是从法律实务的角度来看，无论是劳动争议还是其他民事诉讼案件，仲裁庭和法院一般都会先行主持调解，调解不成，才会仲裁或判决。

六是一般用人单位也不愿意涉及劳动仲裁，这对用人单位的声誉有影响，如果不是特别具有原则性的问题，不需要走到仲裁或诉讼，用人单位一般会自觉让步。

因此，在职场中，劳动者与用人单位之间产生劳动争议，优先选择内部沟通是明智且实用的做法，是现代企业管理推崇的一种成熟的解决问题的方式。只有在所有内部努力都失败后，才考虑寻求外部帮助或通过法律手段解决。

那么，怎样从内部化解争议呢？

1. 认知与心态：正视问题，主动沟通

（1）承认问题的存在。首先，你必须承认争议确实存在，而不是回避或否认。这需要勇气和诚实，是解决问题的第一步。

（2）保持开放、客观的心态。你要以开放、客观的心态面对劳动争议，这有助于创造一个有利于双方沟通的氛围。

2. 准备与计划：策略性沟通

（1）合适的时机。选择合适的时机进行沟通，避免在对方情绪激动时沟通。

（2）安全的地点。可以在一个私密、中立的环境中对话，比如会议室、休息室等，以确保双方感到舒适和安全。

（3）明确的目的。在沟通前明确沟通的目标，比如是维护自己的合法权益、寻求解决方案，还是修复双方的关系等。

3. 选择合适的沟通方式

（1）面对面沟通。面对面沟通是最直接有效的方式。在沟通时，你要注意自己的语气和措辞，保持冷静和礼貌。例如，以平和的语气开场："我希望能和您讨论一下我最近在工作中遇到的一个问题。" 并且要注意眼神交流，展现出真诚和

专注。

（2）电子邮件沟通。如果不方便面对面交流，发送电子邮件也是一种不错的选择。在邮件中，你要条理清晰地阐述问题，包括产生争议的背景、对自己的影响以及你期望对方采纳的解决方案。

4. 寻找证据

（1）证据的重要性。在内部沟通解决争议时，证据是非常关键的。例如，如果你认为自己的绩效奖金发放不合理，那么需要收集能够证明自己工作业绩的证据，如项目完成报告、客户好评记录、销售数据等。这些证据可以让自己的诉求更有说服力，也能帮助用人单位更准确地评估情况。

（2）如何收集证据。在日常工作中，你要养成保留工作相关文件和记录的习惯。比如，对于加班问题，可以保存加班申请记录、工作邮件的发送时间（如果是在家加班处理工作事务）等。对于工资争议，可以收集工资条、劳动合同中关于工资条款的内容等。同时，在与同事交流的过程中，如果发现对方也涉及同样的争议，也可以互相提供证据，如共同参与项目的工作记录等。

5. 协商解决方案

（1）提出建设性意见。你不能只是等待用人单位给出解决方案，自己也要积极参与方案的制订。例如：如果是工作环境问题，你可以提出一些具体的改善建议，如增加办公设备、调整办公室布局等；如果是关于培训机会的争议，你可以建议用人单位根据员工的职业发展规划和业务需求，制订个性化的培训计划。

（2）灵活处理和妥协。在协商解决方案时，你要保持一定的灵活性。可能用人单位无法完全满足你的诉求，但可以在其他方面做出补偿。例如，你希望薪资上涨20%，但用人单位目前只能提供 10% 的涨幅，那么你可以询问用人单位是否可以增加福利（如补充商业保险、更多的休假天数等）或者提供更多的职业发展机会（如晋升机会、参与重要项目等）。

总之，解决职场争议是一个复杂的过程，需要耐心、技巧和智慧。通过内部沟通，不仅能够及时解决眼前的问题，还能增强团队成员之间以及你与用人单位之间的信任与理解，促进实现更健康、更高效的工作环境。记住，有效的沟通是双向的，需要双方的共同努力和诚意。在职场中培养并拥有良好的沟通习惯，将使你成为一个更受欢迎、更受尊敬的团队成员。

相关法条

《劳动争议调解仲裁法》第十五条　达成调解协议后，一方当事人在协议约定期限内不履行调解协议的，另一方当事人可以依法申请仲裁。

通过劳动监察部门，维护你的合法权益

在职业生涯中，你可能会遇到工资被拖欠、用人单位未依法为你缴纳社会保险等一些劳动权益受损的情况。在这种情况下，劳动监察部门作为政府的重要职能机构，扮演着劳动者权益维护者的角色。本小节将介绍劳动监察部门的职能、能为你提供的帮助以及你如何通过这一机构来维护自己的合法权益。

1. 什么是劳动监察部门

劳动监察部门，是负责劳动保障监察的行政部门，隶属于人力资源和社会保障局，其执法单位为劳动监察大队等。该部门的主要工作是确保用人单位遵守国家的相关法律法规，保护劳动者的合法权益不受侵害。

劳动监察部门会定期或不定期地对用人单位进行检查，看用人单位是否按时支付工资、是否给员工缴纳社保、是否有员工超时加班用人单位未付加班费，以及用人单位是否为员工提供了安全的工作环境等。如果发现用人单位有违反相关规定的行为，劳动监察部门有权要求用人单位整改，并可以依法给予行政处罚，如罚款等。

一般可以在所在城市的政府网站上查询到当地劳动监察部门的具体地址和联系方式，或者直接前往当地的人力资源和社会保障局，工作人员会告诉你如何联系或找到劳动监察部门。

2. 劳动监察部门负责什么

（1）执法检查：对用人单位的劳动用工、工资支付、工作时间、休息休假、社会保险缴纳、劳动安全卫生等方面进行监督检查。

（2）处理举报投诉：接受劳动者关于劳动权益被侵犯的举报和投诉，调查、核实并依法处理。

（3）调解劳动争议：在双方同意的前提下，为劳动者和用人单位提供调解服务，促进争议和平解决。

（4）宣传教育：开展《劳动法》等法律法规的宣传教育，提高用人单位和劳动者的法律意识。

3. 劳动监察部门能给你提供哪些帮助

（1）调查取证：当你遇到工作上的问题，比如工资没有按时发放、加班没有得到合理补偿、工作环境不安全等问题时，可以向劳动监察部门投诉。他们会去用人单位核实、搜集证据，包括查看工资单、考勤记录、工作环境等，以判断用人单位是否真的违犯了相关法律。

（2）责令改正：如果调查后发现用人单位确实存在违法、违规行为，劳动监察部门会给用人单位下发责令整改通知书，要求用人单位在规定的时间内改正错误，比如补发工资、改善工作条件等。

（3）行政处罚：对于那些顽固不化，不愿意改正的用人单位，或者违规行为特别严重的，劳动监察部门会拿出“大棒”——给予警告或者罚款等处罚，以示惩戒。

（4）协调解决：劳动监察部门还像调解员，当劳动者和用人单位之间发生纠纷，比如解雇争议、合同纠纷等，其会出面协调，尝试让双方坐下来谈一谈，找到一个双方都能接受的解决方案，避免事情闹得不可开交。

（5）法律援助：一些经济条件不好的劳动者，如果在维权过程中需要法律帮助但又负担不起律师费用，劳动监察部门可以提供法律援助，帮助他们免费或低成本地获取法律服务，确保他们能公平地维护自己的权利。

4. 劳动监察部门处理劳动纠纷的程序

劳动监察部门处理劳动纠纷的程序如下。

（1）接受投诉举报：当你觉得自己在工作中受到了不公平对待，比如工资被拖欠、加班费没给足、工作环境不安全等，你可以通过打电话、上网、写信等方式向劳动监察部门投诉或举报，劳动监察部门会接受投诉、举报。

（2）立案调查：接到你的投诉后，劳动监察部门会初步审核你提供的信息，看相关信息是否符合立案的条件。如果觉得有必要，就会立案。

（3）现场检查：一旦立案，劳动监察部门的工作人员就会亲临用人单位，实地查看情况，查看用人单位的各种记录，比如工资单、考勤表、安全设备等，收集证据，掌握相关信息。

（4）处理决定：根据收集的相关信息，劳动监察部门会仔细分析，然后做出决定。如果用人单位确实做错了，劳动监察部门会要求用人单位整改，比如补发工资、赔偿员工损失等。对于特别严重的情况，可能会对用人单位处以罚款。

（5）执行与监督：一旦做出了相关处理决定，劳动监察部门会持续关注决定的执行情况，确保用人单位按照处理决定执行。他们还会定期回访，确认劳动者举报或投诉的问题得到解决，确保劳动者的合法权益得到真正的保护。

5. 应怎样做

（1）收集证据：你需要保留所有与所投诉或所举报的内容有关的重要文件，比如劳动合同、工资条（证明你每月实际收入的凭证）、考勤记录（显示你上下班时间的证据）以及工作邮件、短信、微信聊天记录等，这些都可能成为证明你权益受损的关键证据。

（2）及时投诉：当你意识到自己受到不公正的对待时，你要立即行动起来。你可以拨打劳动监察部门的热线电话，或者在其官网上提交电子投诉，甚至亲自去其办公地点提交书面投诉。你要提供详细信息，包括姓名、身份证号、联系电话，以及用人单位的全称、地址，要详细写出你所投诉、举报的内容和具体诉求。这样，劳动监察部门才能快速识别问题，展开调查。

（3）配合调查：劳动监察部门开始调查后，可能会联系你，询问更多细节，这时你要尽量回忆并提供所有相关信息，还原事情的全貌，协助调查顺利进行。

（4）了解进展：之后，你应该定期主动联系劳动监察部门，询问事情处理到了哪一步，预计何时会有结果等。与劳动监察部门保持沟通，确保案件得到应有的关注和处理。

综上，劳动监察部门是劳动者权益保护的重要机构，为维护公平、正义的劳动环境提供了有力的支持。如果我们的劳动权益受损，应积极行动，善用劳动监察部门，通过合法途径维护自己的合法权益，为自己的职业生涯增添一份安心和保障。

相关法条

《劳动保障监察条例》第十条　劳动保障行政部门实施劳动保障监察，履行下列职责：

（一）宣传劳动保障法律、法规和规章，督促用人单位贯彻执行；

（二）检查用人单位遵守劳动保障法律、法规和规章的情况；

（三）受理对违反劳动保障法律、法规或者规章的行为的举报、投诉；

（四）依法纠正和查处违反劳动保障法律、法规或者规章的行为。

《劳动法》第九条　国务院劳动行政部门主管全国劳动工作。

县级以上地方人民政府劳动行政部门主管本行政区域内的劳动工作。

《劳动合同法》第七十四条　县级以上地方人民政府劳动行政部门依法对下列实施劳动合同制度的情况进行监督检查：

（一）用人单位制定直接涉及劳动者切身利益的规章制度及其执行的情况；

（二）用人单位与劳动者订立和解除劳动合同的情况；

（三）劳务派遣单位和用工单位遵守劳务派遣有关规定的情况；

（四）用人单位遵守国家关于劳动者工作时间和休息休假规定的情况；

（五）用人单位支付劳动合同约定的劳动报酬和执行最低工资标准的情况；

（六）用人单位参加各项社会保险和缴纳社会保险费的情况；

（七）法律、法规规定的其他劳动监察事项。

调解：解决争议的“和平使者”

调解作为一种非对抗性的解决劳动争议的方式，被誉为解决劳动争议的“和平使者”。调解，不仅能迅速、有效地化解劳动争议，还能在很大程度上维持劳动者和用人单位双方的关系，避免双方进入诉讼过程可能产生的长期对立和资源等的消耗。

通俗来讲，调解就像是和事佬，存在的目的是帮助双方找到一个都能接受的解决方案，让双方握手言和。调解更像是一场温和的对话过程。

调解的过程通常是这样的：找一个公正的第三方，比如劳动监察部门的工作人员，或者专业的调解员，该人员会听双方陈述各自的观点和诉求，然后帮助双方找到一个都可接受的平衡点。调解员不会偏向任何一方，而是努力让双方看到对方的立场，理解彼此的难处，然后提出一个公平合理的、双方都能接受的建议。

接下来，详述一下劳动争议中的调解。

1. 调解的分类

在解决劳动争议的过程中，调解主要分为以下两类。

（1）自愿调解：在争议双方都同意的基础上进行，可以私下协商，也可以由第三方如工会、行业协会等组织进行调解。

（2）强制调解：劳动争议在进入仲裁或诉讼程序前，先经过调解阶段，由劳动仲裁庭或法院主持，双方在调解员的协助下寻找共识。

2. 我国的劳动争议调解机制

调解是解决劳动争议的一种重要方式，在某些情况下，调解确实是劳动争议解决程序中的一个前置环节。根据我国的相关法律法规，劳动争议在进入仲裁或诉讼程序前，一般会先经过调解阶段，旨在通过协商和调解的方式，尽可能地在双方自愿的基础上解决争议，减少对立和冲突。

处理劳动争议的调解机制主要包括以下几个层面。

（1）在用人单位内部调解：一些用人单位设有劳动争议调解委员会，当劳动者与用人单位发生劳动争议时，首先可以通过用人单位内部的调解委员会进行调解。

（2）基层人民调解组织：在社区、街道等基层单位，也设立了人民调解委员会，可以受理劳动争议的调解。

（3）仲裁委员会的调解：当劳动争议无法在用人单位内部或基层调解组织中解决时，劳动者可以向仲裁委员会申请仲裁。在正式仲裁前，仲裁委员会通常会先尝试进行调解，如果调解成功，则无须进入正式的仲裁程序。

（4）法院调解：如果争议仍未解决，当事人可以向人民法院提起诉讼。在诉讼过程中，法院也会鼓励双方进行调解，以达成和解协议。

根据《劳动争议调解仲裁法》的规定，调解是解决劳动争议的首选方式，只有在调解失败的情况下，才会进入正式的仲裁或诉讼程序。调解有助于减轻仲裁和司法系统的压力，同时也能更高效、更和谐地解决劳动争议。

3. 哪些争议可以调解

大部分劳动争议都可以尝试通过调解来解决，包括但不限于：工资支付方面；解除劳动合同的合法性方面；工作时间、休息休假方面；社会保险和福利待遇方面；职业伤害赔偿方面；合同履行和变更方面。

4. 哪些争议必须要先调解

根据《劳动争议调解仲裁法》，以下类型的劳动争议在进入仲裁或诉讼程序前，原则上必须先经过调解。

（1）因工作时间、休息休假、社会保险等方面发生的争议。

（2）因订立、履行、变更、解除和终止劳动合同发生的争议。

（3）因除名、辞退和辞职、离职发生的争议。

（4）因福利、培训以及劳动保护等方面发生的争议。

（5）因劳动报酬、工伤医疗费、经济补偿或者赔偿金等发生的争议。

5. 调解的效力

调解协议一旦达成并签署，具有与法院判决或仲裁裁决相同的法律效力。双方当事人应当按照调解协议的内容履行各自的义务，若一方违约，另一方可以向法院申请强制执行。

王华在某科技公司担任软件工程师，工作了两年多。然而，最近他发现自己经常被迫加班，每周工作时间远远超过44小时，而且公司并没有按照法律规定支付加班费。此外，王华发现公司也没有按照合同约定为他缴纳足额的社会保险费。

面对这种情况，王华决定采取行动维护自己的合法权益。他首先尝试与公司人力资源部门的相关人员沟通，但未能得到满意的答复。于是，王华决定向当地的劳动监察部门投诉，希望通过正式渠道解决这个问题。

劳动监察部门接到王华的投诉后，进行了初步核查，确认投诉有效，并决定立案调查。随后，监察人员来到该科技公司，对公司的考勤记录、工资单以及社保缴纳记录等进行了详细调查。通过调查，劳动监察部门证实了王华的投诉是真实的，即公司存在长期未支付加班费以及欠缴社会保险费的行为。

在确认该科技公司存在违法事实后，劳动监察部门组织了一次调解会议，邀请王华和公司代表参加。在会议上，调解员解释了相关法律法规，指出了公司存在的问题，并鼓励双方寻找一个双方都能接受的解决方案。经过几轮讨论，公司表示愿意改正错误，同意支付王华应得的加班费，并承诺为王华补缴社会保险费。

最终，双方达成一个调解协议，协议中详细列明了公司需要支付给王华的加班费金额，以及补缴社会保险费的具体计划。这份调解协议在双方签字后，与法院判决或仲裁裁决具有同等效力。

如果该科技公司未按照调解协议履行相关义务，王华可以凭借这份协议向法院申请强制执行，要求公司履行其义务。通过这一过程，王华不仅维护了自己的合法权益，也为其他员工树立了通过合法途径解决问题的榜样。同时，该科技公司也意识到了遵守《劳动法》等法律法规的重要性，避免了进一步的法律风险。

6. 调解的程序

（1）申请调解：一方或双方当事人向劳动争议调解委员会或劳动仲裁庭提出调解申请。

（2）受理与通知：调解机构收到申请后，审查申请调解的材料，决定是否受理。如受理，则通知另一方参加调解。

（3）调解会议：在调解员的主持下，双方当事人面对面交流，阐述各自的观点和诉求，调解员协助双方寻找共同点，提出调解方案。

（4）达成协议：双方就争议事项达成一致意见，签署调解协议。

（5）执行协议相关内容：双方按照调解协议执行，调解员或调解机构监督协议的履行。

（6）调解不成：如果调解失败，当事人可以选择进行仲裁或进入诉讼程序。

综上所述，调解作为解决劳动争议的常用的有效手段，不仅能节省时间相关成本以及司法资源，还能在很大程度上维护双方的和谐关系，为职场营造更加健康、稳定的氛围。发生劳动争议时，选择调解作为第一步，往往能以很高的效率收获意想不到的和平。职场中的每一个人，都应该了解和掌握劳动争议调解的相关知识，将其作为解决争议的首选途径，共同构建和谐的劳动关系。

相关法条

《劳动争议调解仲裁法》第十条第一款　发生劳动争议，当事人可以到下列调解组织申请调解：

（一）企业劳动争议调解委员会；

（二）依法设立的基层人民调解组织；

（三）在乡镇、街道设立的具有劳动争议调解职能的组织。

第十四条　经调解达成协议的，应当制作调解协议书。

调解协议书由双方当事人签名或者盖章，经调解员签名并加盖调解组织印章后生效，对双方当事人具有约束力，当事人应当履行。

自劳动争议调解组织收到调解申请之日起十五日内未达成调解协议的，当事人可以依法申请仲裁。

第十五条　达成调解协议后，一方当事人在协议约定期限内不履行调解协议的，另一方当事人可以依法申请仲裁。

第五十一条　当事人对发生法律效力的调解书、裁决书，应当依照规定的期限履行。一方当事人逾期不履行的，另一方当事人可以依照民事诉讼法的有关规定向人民法院申请执行。受理申请的人民法院应当依法执行。

《劳动人事争议仲裁办案规则》第三条　仲裁委员会处理争议案件，应当遵守合法、公正的原则，先行调解，及时裁决。

劳动仲裁，“快速通关”全攻略

对于劳动者与用人单位之间的劳动争议，劳动仲裁为双方提供了一条介于调解与诉讼之间的高效解决途径。

通俗来讲，劳动仲裁是一种解决工作方面的争议的方法，它比直接去法院打官司更简便、快捷，通常成本也更低。当劳动者和用人单位之间发生了争议，比如关于工资支付问题、解雇争议、工作条件等，而双方协商、调解不成时，可以选择劳动仲裁来解决。

在劳动仲裁过程中，会有一个专门的仲裁员或仲裁机构听取双方的陈述，审查证据，然后做出决定，这个决定具有法律约束力，意味着双方都必须遵守。整个过程相对私密，不公开审理，可保护当事人隐私，而且通常解决速度更快，可以避免法律诉讼时间较长以及费用较高等问题。

一、劳动仲裁受理的争议

劳动仲裁主要受理以下几类争议。

（1）工资待遇争议。比如：工资发放延迟或不足额支付；加班费、节假日工资的计算与支付问题；奖金、津贴、补贴的发放标准与实际发放情况不符。

（2）劳动合同争议。比如：劳动合同的签订、变更、解除或终止引起的争议；合同条款的解释与执行问题；无固定期限合同的适用条件争议。

（3）社会保险与福利争议。比如：社会保险（如养老保险、医疗保险、失业保险等）缴纳基数与比例的争议；工伤保险待遇的申请与赔付问题；其他福利待遇，如带薪休假、病假工资等。

（4）解雇与辞退争议。比如：非法解雇或辞退，即没有正当理由或未遵循法定程序的解雇；经济补偿金的计算与支付问题。

（5）工作时间和休息休假争议。比如：违反国家规定的工作时间安排；法定假日、年休假等休息休假权利被侵犯。

（6）职业安全与健康争议。比如：工作环境不符合安全卫生标准；职业病防治措施不到位引发健康损害。

（7）性别、年龄、种族等歧视争议。比如：在招聘、晋升、培训或解雇过程中遭遇不公平待遇。

（8）商业秘密与竞业限制争议。比如：劳动者离职后的竞业限制协议的合理性与执行；商业秘密泄露与保护问题。

（9）调岗与职务调整争议。比如：单方面强制调岗或调整职务的合法性争议；调岗后的薪酬待遇调整问题。

（10）其他。

以上争议如果在用人单位内部无法通过协商解决，当事人可以选择向仲裁委员会提出仲裁申请，由专业的仲裁人员依据相关法律法规进行裁决。

二、仲裁庭的组成

仲裁庭由三名仲裁员组成，包括一名首席仲裁员和两名陪审仲裁员。首席仲裁员通常由仲裁委员会指定，其余仲裁员可由当事人选定或由仲裁委员会指定。

仲裁员一般来自劳动行政部门、工会组织、企业代表以及法律、经济、管理等领域的专业人士，确保仲裁庭具备专业性和公正性。

首席仲裁员在仲裁庭中负责主持会议，管理仲裁程序，确保仲裁过程按照法律规定进行，并在最终裁决中起到关键作用。首席仲裁员一般是由仲裁委员会从其专家名单中挑选出来的，通常具有深厚的法律知识和丰富的劳动争议仲裁经验。

陪审仲裁员与首席仲裁员一起参与案件的审议和裁决。陪审仲裁员可以由争议双方各自选择，这有助于裁决结果能被双方接受。如果双方不能就陪审仲裁员达成一致意见，则由仲裁委员会代为指定。

复杂的劳动争议案件需要三名仲裁庭成员共同审理，但简单的劳动争议，一名仲裁员审理即可。

三、仲裁程序概览

1. 申请仲裁

（1）提交书面申请：一方认为自己的合法权益受到侵害时，可以向有管辖权的仲裁委员会提交书面仲裁申请。申请书中应包括请求事项、事实和理由以及申请人的基本信息。

（2）附带证据材料：申请人需要提供支持其主张的相关证据，如合同、工作记录、工资单、电子邮件等。

2. 受理与通知

（1）审查申请：仲裁委员会收到申请后会进行初步审查，确认申请是否符合法律规定的受理条件。

（2）决定受理：如果申请符合条件，仲裁委员会就会正式受理案件，并确定仲裁员或仲裁庭。

（3）通知双方：仲裁委员会向双方当事人发出受理通知书，告知仲裁时间、地点和其他相关信息，确保双方都能参与仲裁过程。

3. 开庭审理

（1）准备阶段：双方当事人及代理人准备相关文件，可能需要交换证据，进行庭前会议，对争议的焦点进行讨论。

（2）开庭：在指定的日期和地点，双方当事人出席开庭，由仲裁员主持。开庭时，双方有机会陈述自己的观点，出示证据，并进行质证。

（3）辩论：双方就争议点进行辩论，仲裁员可能也会提出问题，要求双方进一步澄清事实或提供额外信息。

4. 裁决与送达

（1）作出裁决：听取双方的陈述并确认证据后，仲裁庭根据法律法规和案件事实作出裁决。

（2）裁决书：裁决结果会被制作成书面裁决书，其中包含仲裁庭的决定及依据。

（3）送达：裁决书必须正式送达给双方当事人，通常通过邮寄或直接送达的方式。送达后，裁决即具有法律效力，除非当事人在法定期限内向法院提起撤销仲裁裁决的诉讼。

四、仲裁费用与时间

1. 劳动仲裁的费用

（1）申请仲裁的费用：根据现行法规，劳动争议仲裁不向当事人收取任何费用，仲裁委员会的运行经费由财政予以保障。因此，个人或用人单位申请劳动仲裁时，理论上不需要支付仲裁费用。

（2）律师费：如果当事人选择聘请律师代表自己参加仲裁，那么律师费将由当事人自行承担。律师费的具体数额取决于律师的服务范围、仲裁案件的复杂程度、地区经济水平等因素。律师费没有统一的标准，需要与律师或律师事务所协商确定。

（3）其他费用：虽然申请仲裁本身是免费的，但如果在仲裁过程中涉及特殊情况，如异地调查、各类鉴定等，可能会产生额外的费用，这些费用需要由当事人承担。

2. 劳动仲裁的时间

（1）仲裁程序时间：按照《劳动争议调解仲裁法》的规定，劳动争议仲裁案件应当自仲裁委员会受理仲裁申请之日起45日内结束。如果案情复杂需要延期，经仲裁委员会主任批准，可以延长不超过15日。

（2）调解时间：在仲裁程序中，仲裁委员会可能会先尝试调解双方争议，如果双方能达成调解协议，解决争议的时间会较短。如果调解失败，才会进入正式的仲裁裁决程序。

（3）后续法律程序时间：如果一方或双方对仲裁裁决不满意，可以在法定期限内向人民法院提起诉讼，这一过程称为“一裁终局”制度的例外情况，适用于部分类型的劳动争议。

一审程序的时间一般为6个月，特殊情况下可以延长，二审程序的时间一般为3个月，同样可以申请延长。

劳动仲裁的目的是快速、低成本地解决劳动争议，但实际时间可能受多种因素的影响，包括案件的复杂性、双方的配合程度、仲裁委员会的效率等。尽管官方规定了处理时限，但在实际操作中，尤其是在案情复杂或有争议的情况下，仲裁过程可能会长于预期。此外，如果仲裁后还有后续的法律程序，总的时间线将会进一步延长。

五、仲裁的法律效力

我国劳动仲裁的法律效力主要包括以下几个方面。

（1）拘束力：劳动仲裁裁决一旦生效，即对双方当事人具有法律上的拘束力，意味着当事人必须遵守并执行裁决的内容。仲裁庭做出的裁决原则上不可随意撤销或变更，以保证裁决的权威性和稳定性。

（2）对当事人的效力：劳动争议仲裁裁决对双方当事人具有约束作用，无论是在实体权利义务的确定方面还是在履行责任方面，都必须按照裁决书的要求行事。如果一方当事人拒绝执行裁决，另一方可以依法向人民法院申请强制执行。

（3）执行力：仲裁裁决书自作出之日起即具有法律效力，如果一方当事人在法定期限内既不起诉又不履行仲裁裁决，另一方可以向人民法院申请强制执行。人民法院有权采取措施，如查封、扣押、冻结财产等，以确保裁决得到执行。

（4）终局裁决与非终局裁决：根据《劳动争议调解仲裁法》的规定，对于特定类型的争议，如追索劳动报酬、工伤医疗费、经济补偿或赔偿金不超过当地月最低工资标准十二个月金额的争议，以及因执行国家的劳动标准在工作时间、休息休假、社会保险等方面发生的争议，仲裁裁决为终局裁决，即裁决自作出之日起发生法律效力，当事人不得再向人民法院提起诉讼。但对于其他类型的争议，当事人可以在收到裁决书之日起15日内向人民法院提起诉讼。

劳动仲裁作为解决劳动争议的重要途径，不仅能够快速有效地处理劳动争议，还能在很大程度上维护劳动关系的和谐。了解并掌握劳动仲裁的详细流程与规则，对于职场人士而言，是维护自身合法权益、保障职业发展的重要手段。在面对劳动争议时，灵活运用劳动仲裁机制，能够使你更加从容地应对挑战，实现职场“快速通关”。

相关法条

《劳动争议调解仲裁法》第三十一条　劳动争议仲裁委员会裁决劳动争议案件实行仲裁庭制。仲裁庭由三名仲裁员组成，设首席仲裁员。简单劳动争议案件可以由一名仲裁员独任仲裁。

第四十三条　仲裁庭裁决劳动争议案件，应当自劳动争议仲裁委员会受理仲裁申请之日起四十五日内结束。案情复杂需要延期的，经劳动争议仲裁委员会主任批准，可以延期并书面通知当事人，但是延长期限不得超过十五日。逾期未作出仲裁裁决的，当事人可以就该劳动争议事项向人民法院提起诉讼。

仲裁庭裁决劳动争议案件时，其中一部分事实已经清楚，可以就该部分先行裁决。

第四十七条　下列劳动争议，除本法另有规定的外，仲裁裁决为终局裁决，裁决书自作出之日起发生法律效力：

（一）追索劳动报酬、工伤医疗费、经济补偿或者赔偿金，不超过当地月最低工资标准十二个月金额的争议；

（二）因执行国家的劳动标准在工作时间、休息休假、社会保险等方面发生的争议。

最后的途径，诉讼的准备与考量

在解决劳动争议的过程中，当调解与仲裁均未实现令当事人满意的结果时，诉讼便成为维护当事人权益的最后的途径。诉讼虽然复杂且耗时，却是确保法律公正、维护个人权益的重要途径。本文将探讨在劳动法律法规框架下解决劳动争议的诉讼程序、诉讼时效、判决效力等内容，为劳动者提供全面的诉讼准备工作与考量因素等。

一、诉讼程序

1. 收集证据

（1）整理证据：劳动者需要搜集与劳动争议相关的所有证据，包括但不限于劳动合同、工资条、考勤记录、工作邮件、短信、微信聊天记录、用人单位规章制度、证人证言等，这些证据应能证明劳动关系的存在、劳动条件、工资待遇、工作表现以及其他权益受到侵犯的行为。

（2）确保证据合法有效：所有证据必须真实、合法，确保其在法庭上可以作为呈堂证供。

2. 起草诉状

（1）撰写诉讼请求：明确指出诉讼的目的，如要求恢复劳动关系，要求用人单位支付拖欠工资或补偿金等。

（2）详细阐述事实和理由：诉状中应详细描述案件的背景、双方争议的焦点、对方违约或违法的具体行为，以及要求法院支持的法律依据。

（3）附上证据清单：列出提交的所有证据的名称、来源、要证明的事项，以便法院审查。

3. 提交至法院

（1）选择有管辖权的法院：通常为被告住所地或劳动合同履行地的基层人民法院。

（2）正式提交：向选定的法院提交诉状及所有证据材料，法院在接到材料后7日内审查，决定是否立案。立案后，法院将向被告送达起诉状副本和应诉通知书。

4. 庭前准备

（1）交换证据：法院组织双方进行证据交换，让双方提前了解对方的证据，便于准备答辩意见。

（2）确定争议焦点：法官将明确双方争议的主要问题，可能在此阶段进行调解，以期双方达成和解。

5. 开庭审理

（1）正式开庭：双方当事人及代理人在指定时间和地点出庭，由法官主持庭审。

（2）举证与质证：双方依次出示证据，对对方的证据进行质询，法官可能要求补充证据或解释。

（3）辩论环节：双方围绕争议焦点展开辩论，阐述各自的观点和理由。

（4）最后陈述：双方做最后的陈述，总结论点，强调关键证据和法律依据。

6. 一审判决

（1）法院裁决：法院充分审查证据和听取双方意见后，将依据事实和适用的法律作出判决。

（2）上诉权利：当事人对一审判决不服，可在判决书送达之日起15日内向上一级人民法院提起上诉。

7. 强制执行

（1）申请执行：如果败诉方未能自觉履行生效判决，胜诉方可以向法院申请强制执行。

（2）执行措施：法院可以采取查封、冻结、扣押、拍卖等措施，强制败诉方履行判决中的义务，以保障胜诉方的合法权益。

二、诉讼时效

1. 一般诉讼时效

劳动争议一般申请仲裁的时效为一年。这意味着，自劳动者知道或者应当知道其权利被侵害之日起，如想解决问题，须在一年内向有管辖权的仲裁委员会申请仲裁。这是启动劳动争议处理程序的第一步，也是劳动者维护自身权益的关键时机。

2. 特殊诉讼时效

对于追索劳动报酬、工伤医疗费、经济补偿或赔偿金等特定类型的劳动争议，诉讼时效为三年。这类争议往往涉及经济利益的直接损失，因此，法律规定了相对较长的时效，以给予劳动者更多时间用于收集证据和准备诉讼。

3. 计算诉讼时效的起点

诉讼时效从劳动者知道或者应当知道其权利被侵害之日起开始计算。这通常是指劳动者发现或合理推断出用人单位的行为侵犯了其合法权益的日期。

4. 超出诉讼时效的后果

如果劳动者在规定的诉讼时效内未提起仲裁请求或未提起诉讼，将丧失通过法律途径解决问题的权利。这意味着，即使劳动者的诉求合理合法，仲裁机构或法院也可能不再受理或支持其主张。

5. 如何应对

（1）及时行动：劳动者一旦发现权利可能被侵害，就应立即收集证据，包括但不限于劳动合同、工资单、工作记录等，并尽快咨询法律专业人士，了解自己的权利和可行的维权的法律途径。

（2）保持证据完整：保存所有与劳动关系和争议相关的文件和通信记录，这些证据在仲裁或诉讼过程中至关重要。

（3）利用法律援助资源：如果劳动者经济条件有限，可以寻求相关部门提供的法律援助服务，获取专业的法律指导和支持。

三、判决效力

生效的判决书具有强制执行力。判决一经作出，即对双方当事人产生法律约束力，双方当事人必须严格履行判决内容。判决书不仅是解决个案的法律文书，其背后的法律原则和适用规则对同类案件还具有指导意义，体现了法律的公正与权威。

四、是否开启诉讼的考量因素

（1）成本考量：诉讼不仅耗费时间，还涉及律师费、诉讼费、差旅费等经济成本，需评估投入产出比。

（2）证据准备：确保证据的充分性和合法性，避免因证据不足而败诉。

（3）法律风险：了解可能的法律后果，包括败诉的风险及可能的负面影响。

（4）和解机会：在诉讼过程中，保持开放的态度，寻找和解的可能，避免长期诉讼带来的不确定性和消耗。

诉讼虽充满挑战，但它是维护劳动者合法权益的最终途径。在决定提起诉讼之前，劳动者应全面评估自身情况，充分准备，必要时寻求专业法律人士的协助，确保权益受到合法维护。记住，法律不仅是维护公平正义的工具，更是每个劳动者在职场中应当掌握的武器。

相关法条

《劳动争议调解仲裁法》第二十七条　劳动争议申请仲裁的时效期间为一年。仲裁时效期间从当事人知道或者应当知道其权利被侵害之日起计算。

前款规定的仲裁时效，因当事人一方向对方当事人主张权利，或者向有关部门请求权利救济，或者对方当事人同意履行义务而中断。从中断时起，仲裁时效期间重新计算。

因不可抗力或者有其他正当理由，当事人不能在本条第一款规定的仲裁时效期间申请仲裁的，仲裁时效中止。从中止时效的原因消除之日起，仲裁时效期间继续计算。

劳动关系存续期间因拖欠劳动报酬发生争议的，劳动者申请仲裁不受本条第一款规定的仲裁时效期间的限制；但是，劳动关系终止的，应当自劳动关系终止之日起一年内提出。

《中华人民共和国民法典》第一百八十八条　向人民法院请求保护民事权利的诉讼时效期间为三年。法律另有规定的，依照其规定。

法律援助，寻找你的“正义伙伴”

面对劳动争议，一些劳动者可能因缺乏法律知识或经济能力受限而难以维护自己的合法权益，仿佛处于黑暗之中，难以向前。这时，法律援助便成为一束光，为劳动者照亮了维权的道路。本节将探讨法律援助的意义、形式，以及身处劳动争议中的劳动者如何寻求法律援助，帮助每位劳动者找到属于自己的“正义伙伴”。

1. 什么是法律援助

法律援助，是国家建立的为经济困难或其他符合法定条件的当事人无偿提供法律服务的制度，旨在帮助其获得法律咨询、代理诉讼、调解等法律帮助，以保障公民的合法权益不受侵害。法律援助是法治社会建设的重要组成部分，体现了社会公平正义的原则。

2. 法律援助的主要形式

（1）法律咨询：为符合条件的申请人提供免费的法律咨询服务，解答法律问题，指导申请人合理、合法地维护自己的权益。

（2）代理诉讼：在民事、行政、刑事等案件中，为经济困难的申请人提供免费的法律代理服务，包括撰写诉状、出庭辩护等。

（3）调解服务：在争议双方同意的情况下，提供免费的调解服务，帮助双方达成和解。

（4）法律教育：开展法制宣传和教育活动，提高公众的法律意识和维权能力。

3. 身处劳动纠纷时如何寻求法律援助

（1）了解资格条件：通常，法律援助的对象是经济困难的公民，包括但不限于低收入家庭、残疾人、老年人、未成年人、农民工等。具体资格和条件可向当地的法律援助中心咨询。

（2）寻找法律援助机构：各省市均设有法律援助中心或工作站，劳动者可通过官网查询离自己最近的法律援助机构的地址和联系方式等。

（3）提交申请：准备好身份证、经济困难证明、劳动争议相关证据材料（如劳动合同、工资条、工作记录等），向法律援助机构提交书面申请。

（4）接受审核：法律援助机构将审核申请人的资格和案件情况，决定是否提供援助。

（5）配合援助过程：一旦获得援助，劳动者应积极配合法律援助律师的工作，提供真实、完整的案件信息，共同制定维权策略。

法律援助是每位劳动者在面对劳动争议时的坚强后盾，它不仅为劳动者提供了法律上的支持，更传递了社会的温暖和正义。在遇到劳动争议时，你不要犹豫，要勇敢地寻求法律援助，让专业的法律工作者成为你的“正义伙伴”，守护你的合法权益。记住，法律援助的大门始终为需要帮助的人敞开。

相关法条

《中华人民共和国法律援助法》第二十二条　法律援助机构可以组织法律援助人员依法提供下列形式的法律援助服务：

（一）法律咨询；

（二）代拟法律文书；

（三）刑事辩护与代理；

（四）民事案件、行政案件、国家赔偿案件的诉讼代理及非诉讼代理；

（五）值班律师法律帮助；

（六）劳动争议调解与仲裁代理；

（七）法律、法规、规章规定的其他形式。

第二十三条　法律援助机构应当通过服务窗口、电话、网络等多种方式提供法律咨询服务；提示当事人享有依法申请法律援助的权利，并告知申请法律援助的条件和程序。